U0100222

大展好書　好書大展
品嘗好書　冠群可期

大展好書　好書大展

品嘗好書　冠群可期

武術特輯
121

趙堡太極
秘傳兵器解讀

王海洲　編著

大展出版社有限公司

作者（前排左五）參加「中華武術展現工程」大會

六大門派代表訪港
（左起王海洲、孫永田、楊振鐸、陳正雷、吳文翰、馬海龍）

中國武術隊出港參加香港萬人太極大匯演（左四爲作者）

1991 年，作者和孫劍雲一起參加邯鄲太極拳聯誼國際大會

1993年，作者（右）和國家武協副主席劉哲先生一起到撫順
參加武式太極拳研討大會

作者（左）在香港和亞洲武術聯合會主席徐才（中）等暢談
趙堡太極拳的未來

武術家劉玉華（中）向作者（左）講述杜元化
在開封國術館的事蹟

作者應香港中國國術總會主席江沛偉邀請赴港研討中國武術發展

作者和世界籃球協會主席、世界華人投資協會主席程萬琦先生
商討在香港半島成立世界太極拳總會事項

香港行政領導給作者頒獎

作者在香港與榮獲金牌的 10 名邯鄲弟子合影

少林寺方丈釋永信接見趙堡太極拳和武式太極拳代表人物
（右三爲作者）

作者及夫人和弟子
少林寺住持釋永旭
同看塔林

作者和嚴翰秀在
山西陽城縣查閱
縣誌查考王宗岳
住址及太極拳源
流

作者應廣西壯族自
治區特警部隊邀請
為部隊技術顧問
（左為蕭而立隊
長，右為政委）

作者和西班牙趙堡
太極拳弟子合影

作者和陳式太極拳
名家馮志強參加武
當山武術邀請賽

作者和臺灣的中華
趙堡太極拳協會領
導共同參加溫縣年
會

序　一

　　自從《秘傳趙堡太極拳》《趙堡太極拳、太極劍、太極棍、太極春秋大刀、單刀、十三刀》出版後，我應邀到全國各地授拳。在教拳的同時，也傳授趙堡太極兵器。在教學中，我發現太極拳愛好者、健身者十分喜歡練兵器，有的人甚至喜歡得超過了練拳。這引起了我進一步對趙堡太極兵器傳播的重視。

　　從師父口傳和趙堡前輩老人的講述中，得知趙堡太極兵器從明萬曆年間開始代代相傳，至今趙堡太極拳兵器非常豐富，並且人才輩出，例如第二代宗師邢喜懷的春秋大刀、第三代宗師張楚臣的鞭、第四代宗師陳敬柏的雙鐧和第六代宗師張彥的劍，傳說都達到了出神入化的境界。

　　師爺鄭伯英也精於春秋大刀、太極劍、太極棍、太極單刀等兵器的演練和運用，趙堡太極兵器在趙堡鎮中和拳一樣興盛而延續至今。

　　過去，趙堡有拳不出村的村規，改革開放以後，在趙堡太極拳總會會長吳金增等領導的宣導下，鼓勵趙堡太極拳拳師公開向社會傳播太極拳和各種太極兵器。後來在國家有關部門的支持下，趙堡太極拳得以在國內外傳播和發展，並出版了不少趙堡太極兵器的著作。趙堡太極兵器和趙堡太極拳一樣都是中華民族的瑰寶，都要將其發揚光大。因此，我有責任將我所

學到的趙堡太極大斧、趙堡太極雙刀、趙堡太極雙鞭向社會公開，爲我們國家的武術寶庫貢獻自己的力量。

兒子長青從小練拳，在他 17 歲那年我開始傳授他兵器，在兵器的練習過程中，他能吃苦，也有悟性。經過十餘年的練習，他掌握了趙堡太極拳體系中的各種兵器的技法與理法，並能深刻領悟和熟練掌握各種兵器的運動原理、風格特點與使用方法，他是最適合做本書的動作演示。

爲了完成這三種秘傳兵器套路的文字整理工作，我再一次邀請嚴翰秀先生一起對這些兵器的理法、練法、要求等進行整理。我相信，作爲重兵器的趙堡太極大斧、雙鞭及輕兵器的趙堡太極雙刀的出版會獲得廣大太極拳愛好者的認同和喜愛。

王海洲

序　二

　　我於 1995 年與趙堡太極拳傳人王海洲先生和他的兒子王長青一起整理編寫了趙堡太極拳的兵器太極劍、太極棍、太極春秋大刀、單刀、十三刀五個套路。這五個兵器套路出版後，讓人們對趙堡太極拳的體系有了更多的認識。我自己也認識到趙堡太極拳的兵器很豐富，同時，也思考這樣一個問題，爲什麽趙堡太極拳體系中有這麽多的兵器在流傳。

　　地處中原、在黃河北岸的溫縣趙堡鎮，歷史上是一個古戰場，許多英雄豪傑在這塊土地上縱橫馳騁，許多好漢俠客在這裏留下了令人盪氣迴腸的故事。

　　在趙堡鎮的南面 30 多公里的虎牢關，是三國時期「三英戰呂布」的地方，那裏留下了關公的春秋大刀、張飛的丈八蛇矛、劉備的雙劍和呂布的方天畫戟交織爭鬥的畫卷。

　　在趙堡鎮東面幾里的地方是《水滸傳》裏孫二娘開「黑店」的十字坡，梁山好漢常在這裏聚會。

　　在趙堡鎮西面 30 多公里的地方是打虎英雄武松被發配的孟州，三國司馬懿的家鄉也在趙堡鎮西面 20 公里的地方。

　　這些歷史人物或者小說人物很多都是使用某種特別的兵器，有萬夫不當之勇，他們給這塊地方留下了豐富的武術遺產。

太極拳傳入趙堡鎮後，太極門的各種兵器也隨之傳入。而當地流傳的各種各樣的兵器，經過趙堡太極拳歷代太極拳專家按照太極拳的原理進行了改造，爲趙堡太極拳的體系增加了豐富的內容。也許這些就是趙堡太極拳兵器體系源遠流長的源頭。

兵器在中國武術體系中有極其重要的地位，不可設想一個武術門派只有拳而沒有兵器。從我與王海洲老師合作整理趙堡太極拳和器械的過程中，我看到趙堡太極拳的兵器種類比較多，有很好的開發價值。太極拳是中華民族的優秀傳統文化，其中應包含有太極門的各種兵器的演練和傳習。

自從我與王海洲合作整理趙堡太極拳開始，我就十分關注趙堡太極拳兵器的演練和傳播，經過十多年的合作，我們建立了相互信任的良好關係。

最近，王海洲老師說，他傳授的兵器中有幾個套路可以向社會公佈，邀請我到趙堡來，將這些兵器套路進行整理。這樣，經過一段時間的討論寫作，終於將趙堡太極大斧、雙刀、雙鞭整理完成。

在文字整理過程中，我感到這三個套路很有學術價值和推廣價值。特別是趙堡太極大斧，比較原始地保留了大斧的一些練習方法，在手、眼、身、法、步方面，與太極拳的原理和各種要領相合。雙刀和雙鞭的套路也很有特色，特別是重兵器雙鞭，能穿越歷史時空流傳到現在，確實罕見。我想，如果趙堡太極拳這些兵器與讀者見面後，一定會得到讀者的喜歡。

眾所周知，中華武術中的兵器在現代社會中其作

用已經不再是戰場上的主要使用的武器，但是，武術是一種文化，這種文化不會消失，並且隨著社會現代化的推進，會更好地融入現代人們的生活，繼續發揮其獨特的功能和作用。中華民族深深的武術土壤將繼續養育著各種武術之花，武術世界的百花也會繼續燦爛開放，而作爲趙堡太極拳門中的各種兵器也會像趙堡太極拳一樣在太極拳傳播的歷史洪流中得到傳播和發展。

嚴翰秀

序 三

　　我自幼在父親的嚴格管教下，學習趙堡太極拳。四五歲時就學會了一套趙堡太極拳。練拳近 10 年後，父親才肯教我趙堡太極拳的各種兵器。父親認爲，沒有經過認眞練拳，沒有練出一定的功夫，不適宜練兵器。這樣，直到我 17 歲那年，才開始學習兵器，至今學拳二十多年，學趙堡太極兵器也有了 16 年。

　　在太極拳練習中，我嘗盡了酸甜苦辣。父親爲了讓我在功夫上有所長進，多年來用古人練功的方式嚴格要求我，並一直貫穿於多年的訓練中，使我受益匪淺。

　　開始練兵器時，有一些高難度的動作沒有練好，例如最難練的栽刀、栽劍、栽棍等，當時年紀小，總怕練習這些動作時會在空中摔下來，摔傷自己，總是完成不了。有一次，當我在練習春秋大刀「刺回一擧嚇人魂」的動作時，身體要凌空在大刀一側翻身過去，而我由於害怕，無論如何也不敢起跳翻身，父親在一旁很不滿意，拿起一根棍說：「我用棍向你的腳掃去，如果你不跳起翻過去，我會掃斷你的腿。」說著，他眞的用棍向我的腳用力掃過來。當棍迅猛掃來時，我猛然一跳，翻了過去。一次成功以後，其他兵器中的翻、栽這類動作，我都能順利地完成。

古人說：「夏練三伏，冬練三九。」父親也認為這樣會讓人練出功夫來。17歲那年，他要求我連續三年每年夏天和冬天這6個月的時間裏在後院練拳，吃飯、睡覺都不能進屋，每天清晨四點多鐘起來練拳、練兵器，晚上睡在屋簷下，不能進入只有一牆之隔的屋子裏休息和吃飯。夏天三個月，由於每天不間斷地練拳，晚上睡在一條長板凳上，累得連蚊蟲叮咬也沒有感覺。冬天更是難熬，只有一件軍用大衣裹住自己在長板凳上睡覺，經常被凍醒，有時凍醒後發現大衣上還有一層厚厚的雪，沒有辦法，只得起來一遍又一遍地練習各種拳和器械，直到練得自己周身發熱了才睡。這種殘酷的練習，我當時實在是受不住。

有一次，我趁父親不在家偷偷翻過後牆逃到同學家住了幾天，父親將我找回家後，把我吊在屋樑上。待父親睡覺休息時，奶奶偷偷將我放了下來。又經過一段時間的訓練，我還是忍受不了這種單調、無休止地殘酷練法，再次出逃。

父親將我找回來後，讓我跪在他面前，並用軟底布鞋的邊打我的頭，血從頭頂順著我的額頭、鼻子往下流。父親見這樣，說：「用東西把血擦掉。」我說：「不擦，讓它流，流了我會長心練拳，以後我不再那樣了。」從此以後，我按照父親的要求堅持練拳，終於熬過了三年，這三年的習武經歷是我一輩子都難以忘懷的。

在這三年中，父親傳授給我各種兵器，並不斷地請一些練拳高手來與我一起練習推手對練。經過三年

的苦練，我感到自己有了很大的變化，身體強壯了，勁力增大了，意志堅強了，勇氣增加了，技擊的能力大大提高了，對拳理拳法有更深的理解了，也深刻體會到了父親的良苦用心。

以後，我常隨父親一起參加一些國際、國內的太極拳比賽，獲得春秋大刀、大斧、棍、劍等多項金牌。

這次父親將趙堡太極大斧、趙堡太極雙刀、趙堡太極雙鞭向社會公開，讓我演示動作。我一招一式將動作規範準確地定位，並清楚地表達這些兵器的基本使用方法。此外，還與嚴翰秀先生一起順利地完成了這本書的整理與編寫工作。

這麼多年的練拳，我雖然有了一定的進步，但是與老一輩趙堡太極拳拳家比起來，顯然尚須努力。今後要繼續認真練功，將父親所傳的趙堡太極拳和各種太極兵器繼承下來，發揚光大，爲趙堡太極拳進一步走向世界作出自己的貢獻。

王長青

目　錄

趙堡太極拳兵器簡況 …………………………………… 21

趙堡太極大斧 …………………………………………… 29

一、太極大斧簡介 ……………………………… 30
二、太極大斧的演練要求 ……………………… 31
三、太極大斧的現代功能 ……………………… 32
四、太極大斧各部分的名稱 …………………… 32
五、太極大斧主要技法介紹 …………………… 34
六、太極大斧斧譜 ……………………………… 38
七、太極大斧動作圖解 ………………………… 39

趙堡太極雙刀 …………………………………………… 91

一、太極雙刀簡介 ……………………………… 92
二、太極雙刀的演練要求 ……………………… 92
三、太極雙刀的作用 …………………………… 93
四、太極雙刀練習注意事項 …………………… 93
五、太極雙刀各部分的名稱和主要技法介紹 …… 94
六、太極雙刀刀譜 ……………………………… 99
七、太極雙刀動作圖解 ………………………… 99

趙堡太極雙鞭 …………………………………………… 159

一、太極雙鞭簡介 ……………………………… 160

二、太極雙鞭的練習要求 ……………………… 161

三、太極雙鞭的作用 …………………………… 161

四、太極雙鞭練習注意事項 …………………… 162

五、太極雙鞭各部分的名稱和主要技法介紹 ……… 162

六、太極雙鞭鞭譜 …………………………… 166

七、太極雙鞭動作圖解 ……………………… 166

趙堡太極拳兵器簡況

　　縱觀中國武術歷史，武術各門派一般包含有拳架、兵器及其技擊意義、拳理拳法等諸多方面的基本內容。無論是民間武術還是軍旅武術，兵器是其重要的內容之一。源遠流長的中國武術，在歷史的長河中逐漸形成了各個流派，在各個流派中往往又分有各個門派，其中兵器的流傳又是一個武術門派成熟的標誌。

　　自從蔣發先師將太極拳傳入趙堡後，也將兵器傳入。經過趙堡太極拳歷代傳人的傳遞和創造、完善，趙堡太極拳逐漸形成了自己比較完整的兵器體系，而且種類眾多，堪稱有「十八般兵器」。

　　趙堡太極拳歷代傳人十分重視兵器的練習、使用和傳遞，至今在趙堡還流傳有很多有關他們使用兵器的故事。趙堡太極拳第二代傳人邢喜槐，得到蔣發先師的全面傳授，拳技達到神明的境界，他特別喜愛使用兵器中的春秋大刀，此刀單是刀頭就重 30 斤，刀柄是用桑木作成的，他的後代一直保留著這把大刀，直到「文革」時才被毀掉。

　　第五代傳人張彥，擅長用劍，在山東曹縣，他以神出鬼沒的劍術，為當地人除「三害」，被當地當做神來供奉。趙堡的歷代太極拳傳人在歷史上使用兵器參與除暴安

良、民族正義鬥爭等社會活動中留下了可歌可泣的故事。

在改革開放以後，國家要求全國各地挖掘和整理傳統武術，趙堡鎮、村的領導響應國家的號召，組織專門人員對趙堡太極拳進行了系統的整理，並要求趙堡太極拳傳人努力將自己所繼承的趙堡太極拳和兵器套路整理和傳授，推動了趙堡太極拳和趙堡太極拳門派兵器的傳播。

現在已經搶救、挖掘出來的趙堡太極拳的兵器套路有趙堡太極春秋大刀、太極劍、太極棍、太極單刀、雙刀、太極十三刀、太極錘、太極雙鞭、太極大斧、各種兵器對練等等。

雖然趙堡太極拳有完整的拳和兵器體系，但是由於武術傳播規律和時代的侷限，在趙堡太極拳宗師陳清平以前，趙堡太極拳和兵器都是秘傳，得趙堡太極拳傳授的人不多，得到兵器傳授的人更少。

陳清平宗師是一位承前啟後、思想開放的代表人物，他在一定的程度上打破了一些傳統框框的限制，將趙堡太極拳和趙堡太極拳兵器的傳授面擴大。因此，得到趙堡太極拳和兵器傳授的人比以前增多，使趙堡太極拳和兵器得以流傳延續到現在。

趙堡太極拳的兵器體系也和其他派別武術的兵器體系一樣，過去都是適應民間保家自衛、行伍作戰、搏擊戰鬥而產生、發展的。隨著近現代武器的發明和使用，兵器的功能逐漸減弱，趙堡太極拳兵器的流傳也受到了影響，懂得兵器練習的人逐漸減少，只有很少的人在演練。

趙堡太極拳的兵器有長兵器、短兵器，有單兵器、雙兵器等。太極春秋大刀、大斧、棍、杆等為長兵器，劍、

刀等為短兵器。

無論是長短單雙兵器,在練習和運用上都要遵循趙堡太極拳傳統理論的要求,用趙堡太極拳的傳統理論來指導兵器的練習和運用。同時,兵器也有自己的特點,傳統認為,兵器一般視為身體應用部位的延長。長期練習趙堡太極拳兵器的人,會產生一些獨特的感覺,比如練習趙堡太極春秋大刀、大斧,練多了,會產生一種兇猛、粗獷、一往無前的感覺;練習趙堡太極刀,練久了,會產生一種穩、準、狠、果斷等感覺;而長時間地練習趙堡太極劍,就會有心曠神怡、飄飄如入仙道的感覺。

在練習趙堡太極拳兵器時,需要貫徹以下一些原則:

1. 動作要走圓和圓弧

趙堡太極拳兵器的練習與趙堡太極拳的練習要求基本上是一致的。練習趙堡太極拳,要求絕大部分的動作要走圓,少部分動作走圓弧,趙堡太極拳兵器的演練也一樣。比如,春秋大刀、大斧、棍、刀、劍等,練習時,兵器要隨著肢體的催動走成各種空圓圈,有立的、平的、斜的等,方向有順的、逆的,有時圓圈與圓圈交錯相疊,左轉右旋、右轉左旋、向前退後、後退前進,要一氣相連,處處成圈。

再比如,兵器的舞花、插花、花刀、翻轉和劈、掃、挑、護、轉換以及斬、套、纏頭裹腦等動作,演練時,兵器的梢尖、尾、刃部等要走圓,讓人有一種針插不入、水潑不進、密不透風的感覺,這種走圓的練法,在體用上都會產生效果。

在練習兵器時，要避免斷續、凹凸、缺陷等毛病。

2.要做到「三直」「四順」

「三直」「四順」是練習趙堡太極拳的重要要求，趙堡太極拳兵器的練習也要貫徹這個重要要求。「三直」是指頭直、身直、小腿直，「四順」是指順手、順身、順腿、順腳。這裏說的「直」，不是繃直的直，是自然伸直的直；而「順」，則是太極拳的根本要求。

古人說：「順則生，逆則死。」順則符合太極拳「貫串一氣」的要求，全身氣血沒有阻滯，能使意、氣、勁暢行無阻地貫通到兵器的各種方法中，使之擊敵勇猛有效。

在兵器練習時，當有的動作出現身體左右傾斜、前俯後仰時，也要按照斜中寓正、斜中寓順的要求練習。

總之，「三直」「四順」的要求就是使身體與兵器合一，合成一股整體的勁，實現兵器的使用目的，也避免了意、氣、勁的分散。

3.要做到「六合」

趙堡太極拳有一條嚴格的要求是「六合」。「六合」是指手與腳合、肘與膝合、膀與胯合、心與意合、氣與力合、筋與骨合。前三合也稱為外三合，後三合稱為內三合，練習趙堡太極拳兵器也要注意貫徹這一要求。

一般情況下，左手要與左腳相合，右手要與右腳相合，但有時也不必拘泥。

比如，兵器從右向左打，右手要與左腳相合；兵器由左向右打，左手要與右腳相合；有時橫步的動作，兵器向

下劈砍，左橫步時右膀要與左腳相合等等。這些動作只有在外形上合住了，內三合才容易做到。心、意、氣、力的相合具體表現在外三合上，同時表現意要關注在兵器上，特別是兵器動作每招每勢的擊點，必以心意貫注之。

如勢中是用兵器的刃、尖、背、把、鑽這些部位時，在外三合的基礎上，就要做到意注兵器的這些部位，使周身合成一股勁。如果內外稍有不合，神、意、氣、勁就會渙散，力量就不能充分地由腳、身、手傳送到兵器上。

4.要招招清楚，勢勢分明

趙堡太極拳的練法有「不撇」「不停」「不流水」的要求。意思是：

「每動一招，左手動右手不動為撇，右手動左手不動亦為撇，腳之作用與手同。不到成勢時止住是為將勁打斷，名曰停，犯此，無論如何鍛鍊，勁不連接，終無效用。」「每招到成時一頓，意貫下招，是為勢斷意不斷。如不停頓，一混做去，謂之流水。犯此，到發勁時因勢無節制，勁無定位，必致勁無從發。」

這些拳理都表明趙堡太極拳的練習要一動無有不動，一靜無有不靜，勢與勢之間的動作要分明，要似停非停，不能一味地連接下去。

趙堡太極拳的兵器練習也要符合這些拳理，做到招招清楚，勢勢分明。每一勢的兵器動作都要規範、準確、到位，到位後稍有一頓，但動作要勁斷意不斷，使兵器的演練節奏清楚、用意分清，一定要避免那種從頭到尾一氣打完的含糊不清的練法。

5.要有兵器的用法意識

武術兵器套路的創造、設計，在過去冷兵器的年代裏，都是為了對抗使用的，一招一式都有明顯的攻防意義。練習者如果不知道兵器招數的意義，要練好兵器是不可能的。趙堡太極拳的兵器每個招式都有實在的攻防內容，沒有虛招，只有認識、理解了它的含意，才能更好地將每一種兵器的套路練好。

傳統趙堡太極拳的兵器練法有剛練、剛柔練和柔練三種。無論是哪一種練法，都要有兵器的使用意識。青壯年練習兵器，特別是練習長兵器，可採用剛練的方法，此法不僅能增長功力，而且還能表現出勇猛、有力，使周身的勁催動兵器的運轉，擊出時發出呼呼的風聲，演練者顯得精神抖擻、威風凜凜。

剛柔練法是有剛有柔，動作有發勁和不發勁的。柔練是柔走，不發勁，適合老年人和體弱者練習。當練習者有一定的基礎後，為了增加練習興趣，三種練習可以交替使用，這樣就能使兵器演練的水準提高得更快。

6.要有演練技巧和觀賞性

誰都知道，在現代社會，傳統武術的兵器是不會作為戰場上的主要武器了。但是武術兵器不會消失，不會失傳，它仍然代代流傳下去，是因為它還有一定的社會意義，除了兵器本身固有的技擊意義和防身健體的作用以外，還有它的觀賞性，以及作為一種優秀的傳統文化在流傳。學習趙堡太極拳兵器，要注意凸現它的演練技巧和觀

賞性，這是武術發展的需要，是時代的需要，也是趙堡太極拳兵器普及和發展的需要。

無論是演練長兵器還是短兵器，演練者都要按照各種拳理拳法的要求，在努力完成規範動作時，逐漸提高要求，做到身械合一、整體協調、造型優美，給人以清新的感覺、美的愉悅，這也遵循了傳統武術所要求的人刀合一，人劍合一，人棍合一，形、神、兵器合一的法則。在趙堡歷史上，每逢重大節日或者一些喜興的日子，趙堡太極拳傳人都會帶領弟子表演各種兵器，很受群眾的歡迎。實踐證明，趙堡太極拳兵器的演練具有很強的觀賞性。

27

7.先學趙堡太極拳，後學趙堡太極拳兵器

武術運動的歷史表明，一般來說，兵器是在拳的基礎上發展起來的。

這就要求趙堡太極拳兵器的學習者在學練兵器之前必須先學好趙堡太極拳，當拳術有了一定的基礎後再學趙堡太極拳兵器，才能事半功倍。這是武術拳械學習的規律，也是趙堡太極拳兵器學習的規律。

8.要有師傳

學習趙堡太極拳兵器，要有老師的傳授。《十三勢歌》中說：「入門引路須口授，功夫無息法自修。」這是古代太極拳家總結出來的學習規律，學習太極拳兵器也必須遵循這個規律。

趙堡太極拳兵器複雜多變，只有在老師的指導下才能逐步完成入門學習，入門後才能進一步地自我修習。實際

上，現在很多武術愛好者都在看書或看一些錄影資料進行學習，但是極少有學成的人。

按照上述要求學習趙堡太極拳兵器，一定會獲得你所需要的效果。趙堡太極拳各種兵器的技法及理論能完整地保存下來，得益於歷代傳人的不懈努力，我們有責任將這種優秀的傳統文化和拳種繼承下來，並發揚光大。學習趙堡太極拳兵器，不僅能提高功力和技擊水準，而且還能強健體魄，提高練拳興趣，同時還能陶冶性情、養氣養神、自娛自樂。

現在越來越多的人認識了趙堡太極拳兵器，並加入到學習趙堡太極拳兵器的隊伍中，我們相信這種古樸原始的趙堡太極拳兵器在未來會得到更加廣泛的普及和傳播，能與趙堡太極拳一樣，為人類作出應有的貢獻。

趙堡太極大斧

一、太極大斧簡介

在中國的十八般兵器「刀、槍、劍、戟，斧、鉞、鉤、叉，钂、棍、槊、棒，鞭、鐧、錘、抓，拐子、流星」中，斧是其中重要的一種，也是最古老的一種。在遠古時期，我們的祖先就發明了石斧，石斧作為人類社會早期的生產用具和兵器，為人類社會發展作出了貢獻。

傳說中的女媧，得到神兵大斧，用來劈山取石補天，拯救人類的劫難。斧，在古代的戰爭中，作為兵器的一種，發揮了很大的作用。

在中國古典小說中，使用大斧的將領、勇士、英雄在人們的心中留下了很深很深的印象。

《隋唐演義》中有著名的程咬金使用大斧「三招半」打擊對手的故事，第一招是劈腦袋，第二招是削手指、掏耳朵，第三招是劈馬腿，半招是刺馬屁股；《水滸傳》中，黑旋風李逵手使一對雙板斧，疾惡如仇；《三國演義》中，曹魏上將徐晃手中的大斧也給讀者留下了深刻的印象。這些雖然是文學作品的演義，但也折射出中國武術中使用大斧取勝的威力。

在古老的趙堡太極拳體系中有豐富多樣的兵器流傳，太極大斧是其中重要的一種，且流傳久遠，但是由於傳授和拳派門規的原因，掌握大斧演練技術的人已經很少。

趙堡太極大斧技擊的主要方法是以劈砍為主，以削、砸、掏、刺、撩、啄、架、雲、拍等為輔。

趙堡太極大斧共有二十六式，從整個套路的演練中，

可以看出它的歷史悠久，動作古樸、勇猛、實用，風格獨特。太極大斧中的很多動作還保存有馬上演練的動作，從中可以看出原始的大斧套路是以馬上演練的動作為主的，經過時代的演變，逐漸由馬上演練的動作變為以地面上演練為主的套路。

二、太極大斧的演練要求

演練趙堡太極大斧也要遵循趙堡太極拳的拳理拳法和各種練習的方法與要領。

1. 趙堡太極大斧動作以走圓為主，要求每個動作都練成一個圓圈，但有時圓中有方，即成勢時有方的動作。一般的情況下需要將斧頭掄成立圓、斜圓或平圓等。

2. 趙堡太極大斧練習的身法要求與趙堡太極拳一樣。做到「三直和四順」，即頭直、身直、小腿直和腿順、腳順、手順、身順。

3. 趙堡太極大斧的練習，還要求做到不撇、不停、不流水。虛實分清，節奏分明。

4. 要求做到內外三合。作為重兵器的趙堡太極大斧，如果在演練中沒有做到外三合，就容易使斧頭碰身，造成傷害。

5. 除以上的共同要求以外，趙堡太極大斧還有其獨特的要求，這就是剛柔相濟，斧隨身轉，運斧前進如游龍，向後鑽刺如蛇纏人，劈斧如猛虎下山，勢勢相連如大河滔滔。以腰為天機，腳踩八卦步，入坎出離，指東打西，充分展現趙堡太極拳中重兵器的特點。

此外，趙堡太極拳的其他要領，同樣也是趙堡太極大斧演練的要領。

三、太極大斧的現代功能

不可設想，現代人還用大斧去跟敵人或對手搏鬥，但是趙堡太極大斧除了它有很強的技擊含義以外，還有其獨特的健身養生功能。

1. 對於練功夫的人，透過趙堡太極大斧的練習可以提高臂力、腰胯力和爆發力，使其具備一定的對抗能力。

2. 對於健身者來說，在進行趙堡太極大斧練習時，一定要根據自身實際情況確定適宜的運動量，使之活動筋絡、暢通氣血、協調身體，促進身體全面發展。

3. 透過趙堡太極大斧的練習，可以深刻感受和領悟太極拳理拳法、要求和技法應用及演練訣竅，增強對趙堡太極拳的理解，促進太極拳演練水準的提高。同時，練習趙堡太極大斧，可以延長太極拳的練功時間，增長功力。

4. 趙堡太極大斧的練習可以給人提供一種令人賞心悅目的觀賞娛樂方式。當一個人將趙堡太極大斧演練到純熟自如、身斧合一、進退轉換渾然一體時，就能給人提供一種美的享受和愉快的心理體驗。

四、太極大斧各部分的名稱

太極大斧各部分的名稱如圖甲、乙所示。

1. **斧頭** 包括斧刃、斧頂、斧面。斧刃到斧頂長為 37

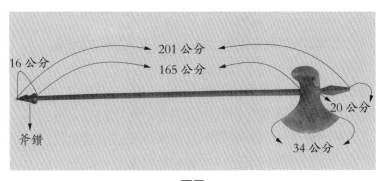

圖甲

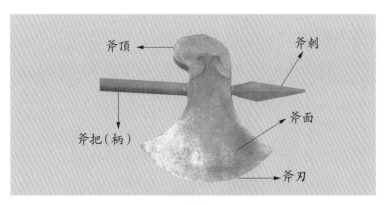

圖乙

公分，斧刃弧度弦長 34 公分，斧頂厚 4 公分。

2.**斧刺**　斧刺長為 20 公分。

3.**斧柄**　斧柄長為 165 公分，直徑 3 公分。

4.**斧鑽**（三棱式）　長為 16 公分。

　大斧總長為 201 公分。重量，根據自己的練習需要自行確定，演練時運斧基本稱手為準，右手握在離斧頭 38 公分處為宜，兩頭重量基本持平。

五、太極大斧主要技法介紹

古人在創編兵器套路時都有一定的使用意義，也就是說，每一招數都有具體的攻防內容，使用目的非常明確，這樣就逐漸形成了兵器的一些常規的技法，這些技法都是通過招法來顯現的。在練習某一種兵器時，瞭解和認識這種兵器的一些基本技法，有助於對這種兵器練習的認識，也有利於練好這種兵器。

1. 劈法

下盤成弓蹬步，雙手持斧，配合用力，使斧刃由上向前、向下劈打，稱為劈法。（圖1）

圖1

2.砍法

下盤成弓蹬步，雙手持斧，配合用力，使斧刃由上向身體兩側下方斜劈擊打，稱為砍法。（圖2）

3.削法

下盤成弓蹬步，雙手持斧，配合用力，使斧刃由下方向前上方斜出擊打，稱為削法。（圖3）

4.撩法

凡雙手持斧，配合用力，使斧刃朝上，然後用勁使斧刃由下向上擊打，稱為撩法。（圖4）

5.雲法

雙手持斧，配合用力，使斧在頭上方平轉一圈。兩腳

圖2

圖3

圖4

圖5

由左右弓蹬步配合變換，兩手也隨著變換握把方式。身體也要俯仰配合，身、手、腳協調一致，使斧轉圓，稱為雲法。（圖5）

雲法的練習比較難掌握，自學時一般難以領悟，需要教練員、老師言傳身教。

6.架法

下盤成弓蹬步，兩手陰陽把握斧柄兩端，由下向上托起，斧柄高於頭頂，稱為架法。（圖6）

7.刺法

雙手持斧，配合用力，使斧刺刺向前方，稱為刺法（圖7）。下盤配合各種步法。

8.拍法

下盤成弓蹬步，雙手持斧，配合用力，使斧面由上向前、向下拍擊，稱為拍法。（圖8）

圖6

圖7 圖8

六、太極大斧斧譜

預備勢

第 一 式	提韁亮斧	第 十二 式	黃龍轉身
第 二 式	咬金打馬	第 十三 式	青龍點睛
第 三 式	蓋馬三斧	第 十四 式	騰身屠龍
第 四 式	回頭撩月	第 十五 式	登山探穴
第 五 式	旋風掠谷	第 十六 式	雷公劈石
第 六 式	驚馬回頭	第 十七 式	白蟒入洞
第 七 式	騰身屠龍	第 十八 式	金光繞身
第 八 式	怒海翻浪	第 十九 式	托天蓋地
第 九 式	猛虎回頭	第 二十 式	金雞啄門
第 十 式	困龍出海	第二十一式	流星趕月
第 十一 式	黑虎擺尾	第二十二式	倒踢山門
		第二十三式	伏虎聽風

第二十四式　右撥雲見日　　　第二十六式　順風打旗

第二十五式　左撥雲見日　　　收　勢

七、太極大斧動作圖解

預備勢

動作 1

面向正南站立，成立正姿勢，右手持斧在身體右側，握斧柄至胸高，斧刃向前；左手在左胯旁，指尖自然下垂。眼平視前方。（圖1-1）

動作 2

左腳向左踏出一步，與肩同寬，成開立步。（圖1-2）

圖1-1

圖1-2

第一式　提繮亮斧

動作3

重心移到右腿，身體下蹲，左腳跟提起，腳尖點地，身體轉向東南方向。同時，右手提斧向上、向東南方向劈至胸高；左手成為刀掌，向上、向前畫弧至右手前，以手指壓住斧柄。眼平視東南方向。（圖1-3）

動作4

左腳向東南方向邁一步，腳尖向東南，右腳轉向南偏西。同時，右手持斧，斧刃向下、向後、向西北畫弧至右腿後；左手向下、向左、向上畫弧至肩高，指尖向上，手心向前。（圖1-4）

動作5

重心移到左腿成獨立步，右腳提起，膝與胯平，腳心

圖1-3

圖1-4

圖 1-5

向東。同時，右手持斧轉斧刃向上、向南畫弧落至腹前，
斧刃稍向東下，斧鑽斜向西上，斧面距身體約一尺；左手
向裏、向下畫弧至斧面前。（圖1-5）

用法：此式為古代用斧者在馬上提繮亮斧，準備打馬
上陣的威武動作。

歌訣：

立馬提繮氣勢雄，金斧橫空亮閃閃。

此番上陣勇無敵，斧下定叫人馬翻。

第二式　咬金打馬

動作6

右腳向西跨一步，腳尖向西偏南，左腳尖向南，成右

圖1-6

仆步。同時，右手持斧以鑽向西上方刺去，斧頭在身前，斧刃與眼眉同高，斧刺斜向地面；左手向左前方下按至膝前。身體向南，眼向東看去。（圖1-6）

動作7

身體重心稍起，兩腳尖方向不變，成右弓蹬步。同時，右手持斧內旋向東轉斧刃向下置於左腿前，左手向西、向上從右腋下接握斧柄成陰陽把方式。眼向東下看。（圖1-7）

動作8

左腳向西邁一步，成左弓蹬步，左腳尖向西偏北，右腳尖向北偏西（後面的動作不再對左右弓蹬步說明腳尖方向）。同時，雙手持斧配合用力，使斧刃向西、向上撩，斧頭略高於左肩。身體向西北方向，眼向西看。（圖1-8）

圖 1-7

圖 1-8

動作 9

身體右轉，成右弓蹬步。同時，雙手持斧配合用力，

圖1-9

圖1-10

向上、向東、向下劈至腰高。身體向東北，眼向東看。（圖1-9）

動作10

身體重心移到左腿。同時，雙手持斧配合用力，以斧頂向下、向後砸至右腿外側。身轉向東，眼看斧。（圖1-10）

動作11

身體重心右移，成右弓蹬步。同時，雙手持斧配合用力，使斧向後、向上、向前劈至腰高，左手在右腋下，為陽把握柄，右手在前為陰把握柄。身體轉向東，眼向東

圖 1-11

看。（圖 1-11）

動作 12

身體重心移到左腿，提起右腳向東踢出，腳心向東。同時，右手持斧將斧刃從身體右側下壓至身後，柄與右臂相貼，斧刃向西；左手離開斧柄變掌，向東推出，手腕與肩平。（圖 1-12）

用法：根據對手的實際情況，用刺、撩、劈、砸、踢、推多種技法與對方對戰，達到獲勝與制服對手的目的。

圖 1-12

歌訣：

　　掄劈撩砸破敵招，蹬踢推擊人難料。

　　一合戰罷輕打馬，再尋戰機把敵殺。

第三式　蓋馬三斧

動作 13

右腳向前落下半步，腳尖向東南。同時，右手提斧，左手在右手後接握柄，雙手持斧向上、向前畫弧上舉，斧柄垂直地面置於身體右側，斧刃向東。身向東南，眼向東看。（圖 1–13）

動作 14

左腳向東邁一步，成左弓蹬步。同時，雙手持斧配合用力，使斧刃向下、向東、向上撩起至斧刃與肩平。身體向東，眼向東看。（圖 1–14）

圖 1–13

動作 15

右腳向東邁一步，成右弓蹬步。同時，雙手持斧配合用力，使斧頂向下、向後轉斧刃向上、向東立圓掄劈至腰高。身體向東北，眼關注斧的轉動。（圖 1–15）

動作 16

左腳從右腳後向東南方向撤出一步，腳掌著地，成交叉步，右腳尖轉

圖 1-14

圖 1-15

向東北，成交叉步。同時，雙手持斧配合用力，轉斧刃向北，以斧刺向東南方向刺出，斧刃向東北，斧柄與肩平。

48

圖 1-16　　　　　　　　圖 1-17

身體向東北，眼看東南。（圖 1-16）

動作 17

以右腳跟和左腳尖為軸，身體左後轉動向東南，成左弓蹬步。同時，雙手持斧配合用力，使斧刃向下、向西北方向再向上、向東南方向砍出，斧刃向東北，略高於頭。眼看東南。（圖 1-17）

用法：假設對方以長兵器向我身前擊來，我先以斧撩開其兵器；對方後撤換招，我緊追向對方頭部劈去；對方閃避，我再虛晃一刺，迅速以斧向對方脖子砍去。

歌訣：

撩劈砍連環擊打，敵忙亂心迷眼花。

逞英豪蓋馬三斧，「瓦崗寨」名揚天下。

圖 1–18

第四式　回頭撩月

動作 18

左腳從右腳後向西撤一步，腳掌著地，成交叉步。同時，雙手持斧內旋配合用力，使斧刃向下、向西、向上撩起，斧刺斜向西上方。身體向南，眼向斧的方向看去。（圖 1–18）

用法：假設對方從我身後以長兵器擊來，我蹲身閃避，以斧刃向對方腹胸部撩去。

歌訣：

> 對敵瞬息生萬變，顧住左右身後前。
> 敵人膽敢來偷襲，回斧破敵身兩半。

圖 1-19

第五式　旋風掠谷

動作 19

左腳向東邁一步，成左弓蹬步。同時，雙手持斧配合
用力，使斧刃向下、向東、向上撩起，斧刃與肩同高。身
體轉向東，眼向東看去。（圖 1-19）

動作 20

右腳向東邁一步，身體左轉向正西，重心在左腿，成
左弓蹬步。同時，雙手持斧配合用力，使斧面向上、向西
拍下，與胸同高；左手握柄在右腋下。眼向西看。（圖 1-
20）

動作 21

兩腳以腳跟為軸右轉，成右弓蹬步。同時，雙手持斧
配合用力，使斧刃向北、向東平砍。身體右轉向正東，眼

圖 1-20

圖 1-21

向東看。（圖 1-21）

圖1-22

動作22

兩腳以腳跟為軸左轉，成左弓蹬步。同時，雙手持斧外旋配合用力，使斧刃向北、向西平砍。身體左轉向西，眼向西看。（圖1-22）

動作23

右腳向西邁一步，兩腳虛實轉換。同時，雙手持斧配合用力，使斧刃向上雲斧至頭上，斧鑽向西南，斧刃向上。身體轉向西南，眼關注斧柄的轉動。（圖1-23）

動作24

左腳向西邁一步，兩腳虛實轉換，身體左後轉向北，重心在右腿，成右弓蹬步。同時，雙手持斧配合用力，繼續在頭上雲斧至斧刃向北，斧鑽斜向西下。眼向西看去。（圖1-24）

圖 1-23

圖 1-24

動作 25

上體左轉，身體重心左移，成左弓蹬步。同時，雙手

圖 1-25

持斧配合用力，使斧刃向下、向上、向西砍出，稍高於肩。身體轉向西，眼向西看去。（圖 1-25）

用法：假設正面有敵人以長兵器擊來，我速上步撩開對方的兵器；後面敵人乘機來襲，我迅速以斧面壓格對方的兵器，回斧平砍右邊的敵人，再躲開後面敵人向我下盤掃來的兵器，並回砍對方。

歌訣：

撩壓砍雲應八方，指東打西玄機藏。

上步追敵快如風，旋風掠谷誰能防。

第六式 驚馬回頭

動作 26

右腳向西邁一步，成交叉步。同時，雙手持斧配合用力，以斧鑽向下、向西挑起，高與肩平。身體向西北，眼

圖 1-26

向西看。（圖 1-26）

　　動作 27

　　兩腳以腳跟為軸，身體向左後轉，成左弓蹬步。同時，雙手持斧配合用力，使斧刃向下、向西、向上、向東立圓掄劈至胯高。身體向東，眼向東看。（圖 1-27）

　　用法：假設前後方都有敵人在伺機擊我，我以斧鑽虛晃前面的敵人，迅速轉身掄劈身後的敵人。

　　歌訣：

　　　　場上迎敵需用計，虛晃一招擾敵心。

　　　　驚馬回頭猛翻身，雷霆一擊人失魂。

第七式　　騰身屠龍

　　動作 28

　　左腳向右腳後撤半步，成交叉步。同時，雙手持斧配

圖 1-27

圖 1-28

圖 1-29

合用力，使斧刃向右下拖至右腳旁，斧刃向西上。身體轉
向東南，眼看斧。（圖 1-28）

動作 29

左腳向東踏出一步，重心在左腿。同時，雙手持斧外旋配合用力，斧刃至右腿旁。身體向東南，眼看斧。（圖1-29）

動作 30

左腳用力撐地，跳起凌空，左後轉身至向南偏西，兩腳落地，成右弓蹬步。同時，雙手持斧配合用力，使斧刃向東、向上、向西劈至膝高。眼關注斧的運轉。（圖1-30、31）

用法：假設敵人在我身後用長兵器刺我下部。我以騰挪身法先避開後，騰空翻身猛劈對方。

歌訣：

陣前眼要觀六路，身法變化占先機。

閃展騰挪敵莫測，凌空雲斧顯威力。

圖 1-30

圖 1-31

第八式　怒海翻浪

動作 31

兩腳位置不變，重心先移至左腿，然後再前移至右腿，成右弓蹬步。同時，雙手持斧內旋配合用力，使斧刃向上、向東、向下從身體左側立圓撩起至肩高。身體向西，眼向西看。（圖 1-32）

動作 32

左腳向西南邁一步，成左弓蹬步。同時，雙手持斧配合用力，使斧刃向上、向東、向下、向西南立圓撩起，斧刃與肩平。身體向西南，眼向斧刃方向看去。（圖 1-33）

用法：假設承上式，我劈對方後，連續以撩法追擊敵人。此式步法、招法與趙堡太極拳中的「野馬分鬃」相似。

圖 1-32

圖 1-33

歌訣：

　　一招佔先乘勝追，敵人還手難上難。

　　左撩右撩迅如風，怒海翻浪浪不斷。

圖 1-34

第九式　猛虎回頭

動作 33

右腳向西踏一步，腳尖向北偏西，成交叉步。同時，雙手持斧配合用力，以斧鑽向下、向上、向西挑起至肩高。身體向西北，眼向西看去。（圖 1-34）

動作 34

左腳提起，從右腳前向東落在右腳旁，兩腿半蹲，成交叉步。同時，雙手持斧配合用力，以斧面向上、向西拍下至腹高。身體向北，眼看斧。（圖 1-35）

動作 35

右腳向東邁一步，成右弓蹬步。同時，雙手持斧配合用力，以斧刃向東砍去，高與胸平，左手在右腋下握柄。身體向東北，眼向東看。（圖 1-36）

圖 1-35

圖 1-36

用法：我以撥、拍、刺、挑、壓、纏、砍諸法應對各方來擊的敵人。

圖 1-37

歌訣：

撥拍刺挑壓纏砍，猛虎回頭兇猛現。

任他各方來打我，運斧如風敵喪膽。

第十式　困龍出海

動作 36

此式重點是雲斧動作，總共雲斧五個圈。

第一個圓圈。重心先移到左腿再移到右腿。同時，雙手持斧外旋配合用力，轉斧刃向北、向西再向身後雲至頭上右側。眼關注斧的轉動方向。（圖 1-37）

動作 37

第二個圓圈。重心移到左腿。同時，左手由陰把變為陽把靠近右手握柄，右手離柄，左手單手用力使斧刃在頭上雲一圈，斧在左肩上，斧鑽向西。身體稍向前俯，眼關注斧的轉動方向。（圖 1-38）

圖 1–38

圖 1–39

動作 38

第三個圓圈。重心移到右腿，左手繼續雲斧到身後，右手在身後接斧柄。（圖 1–39）

圖1-40

動作 39

右手雲斧至肩高，左手脫握柄在右腋下接握斧柄。（圖1-40）

動作 40

第四個圓圈。左腳向東撤一步，雙腳虛實轉換，身體左轉向西南。同時，雙手雲斧，斧柄斜向西南，斧鑽向西南，低於斧頭。眼向西南看去。（圖1-41）。

動作 41

第五個圓圈。重心移到左腿，成左弓蹬步。同時，雙手持斧配合用力，使斧刃向西南、向下、向東撩起至腰高。身體向東，眼向東看去。（圖1-42）

用法：此式是我受困，以雲斧法格擋身前、身後、左右、頭上來的攻擊，護住全身，最後突困而出。古代傳說中雲斧有水潑不進的防守效果。此式是整個套路中最難演練的一式，其中五個圓圈的雲斧動作，如果演練的方法不

趙堡太極大斧

65

圖1-41

圖1-42

當、動作不準確，就會被斧所傷，因此，必須在老師或者
有經驗的人指導下練習。

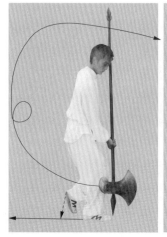

圖 1-43　　　　　　　　　　圖 1-44

歌訣：

　　大斧舞動不見人，水潑不進護全身。

　　最後一斧破陣出，困龍騰入九霄雲。

第十一式　黑虎擺尾

動作 42

　　左腳收回至右腳旁，腳尖點地。同時，雙手持斧配合用力，以斧頂向下砸至右腳外側。身體向東，眼向東看去。（圖 1-43）

動作 43

　　左腳踏實，右腳向西南方向滑出一步，成左弓蹬步。同時，雙手持斧配合用力，使斧刃向上、向東、向前劈至膝高。身體向東，眼關注斧的轉動。（圖 1-44）

　　用法：我方以退為攻的方式對付前面敵人的進攻。此

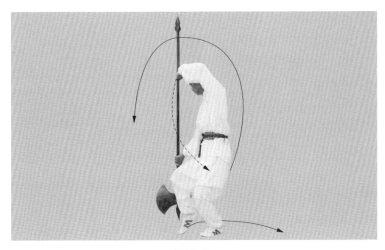

圖 1-45

式為退法，與趙堡太極拳的退步方法一樣，如太極拳中的
「倒攆猴式」。

歌訣：

> 大斧退法也稱雄，遇強避敵退為攻。
>
> 虛虛實實神莫測，黑虎擺尾擊必中。

第十二式　黃龍轉身

動作 44

左腳原地轉，腳尖向西南；右腳收回左腳旁，腳尖點
地。身體右轉向西。同時，雙手持斧配合用力，以斧頂畫
弧至右腳旁，斧柄垂直於身體右側。眼看斧。（圖 1-45）

動作 45

右腳向東北方向退一步，成左弓蹬步。同時，雙手持
斧配合用力，使斧向東北掄轉，再向上、向西南方向劈至

圖 1-46

膝高。（圖 1-46）

　　用法：假設身後有敵人以長兵器向我下盤攻擊，我轉身以斧頂砸開其兵器，順勢以斧刃劈擊對方。

　　歌訣：

　　　　身後有敵來襲我，閃開正中避敵鋒。

　　　　斧砸兵器順勢進，黃龍轉身建奇功。

第十三式　青龍點睛

　　動作 46

　　左腿屈膝提起，腳尖向下，成右獨立步。同時，雙手持斧配合用力，以斧刺向東北方向刺去，斧刃向西北。身體向西北，眼看東北。（圖 1-47）

　　用法：我面對正面敵人，突然縮身以斧刺刺向背後敵人。

圖1-47　　　　　　　　圖1-48

歌訣：

身前身後敵環視，勝券在我掌戰機。

避敵縮身往後刺，青龍點睛現神奇。

第十四式　騰身屠龍

動作47

左腳向西南落一步，重心在左腿。同時，雙手持斧配合用力，使斧刃下截至右腳前。身體轉向西，眼看斧。（圖1-48）

此式動作與第七式相同，唯方向不同，第七式是由東打向西，此式由西南打向東北。

動作48

左腳用力撐地，身體跳起凌空，左後轉身至東北方向，兩腳落地，成右弓蹬步。同時，雙手持斧配合用力，

圖1-49　　　　　　　　　圖1-50

使斧刃向西南、向上、向東北劈至膝高。眼看斧。（圖1-49、50）

第十五式　登山探穴

動作49

左腳從右腳後向東北方向踏出半步，成交叉步。同時，雙手持斧配合用力，使斧刃轉向上、向東北架起，斧刺斜向下。身體向西北，眼向東北看去。（圖1-51）

用法：我以撤步躲避背後來擊，同時用架、崩、格、刺等法還擊前面的敵人。

歌訣：

架崩格刺現威力，斧橫猶如登天梯。

撤步收身敵攻空，續接下招藏殺機。

圖 1-51

第十六式　雷公劈石

動作 50

　　右腳從左腳前向東南方向撤一步，成左弓蹬步。同時，雙手持斧配合用力，使斧向西南、向上、向西北斜劈至胯高。身體向北，眼看斧。（圖 1-52、附圖 1-52）

　　用法：假設承上式，我崩開對方的兵器，再砸開對方的兵器，閃開對方的正中，斜劈對方。

　　歌訣：

　　　　承上卸步走八卦，黏掛砸劈應機打。

　　　　雷霆一劈天地動，雷公劈石著不空。

圖 1-52　　　　　　　　附圖 1-52

第十七式　白蟒入洞

動作 51

重心移到右腿，成右弓蹬步。同時，雙手持斧配合用力，以斧刺向東南方向刺去，斧面與肩同高。身體向東偏北，眼向東南看去。（圖 1-53）

用法：假設對方乘機向我身後以兵器來襲，我速回身以斧撥開對方兵器，以斧刺刺擊對方頭部。

歌訣：

身後有敵防偷襲，攻防合一記心頭。

一撥一刺順勢入，白蟒入洞刺敵喉。

第十八式　金光繞身

動作 52

重心移到左腿。同時，雙手持斧配合用力，使斧頂向

圖 1-53

圖 1-54

下砸至右腿外側。身體向東北，眼看斧。（圖 1-54）

圖 1-55

動作 53

重心移到右腿。同時，雙手持斧配合用力，使斧向西南、向上、向東南劈至肋高。身體向東南，眼向東南看去。（圖 1-55）

動作 54

重心移到左腿。同時，雙手持斧配合用力，使斧向下、向上、向西北方向撩至胸高。身體左轉向西北，眼向西北看去。（圖 1-56）

動作 55

身體左轉，左腳向東南撤一步，重心在右腿，兩腿虛實轉換。同時，雙手持斧配合用力，使斧在頭上向南、向東、向北雲至西北。身體向西南，眼看東南。（圖 1-57）

動作 56

重心移到左腿，成左弓蹬步。同時，雙手持斧配合用

圖 1-56

圖 1-57

力，使斧刃向下、向上、向東南方向斜砍至頭高。身體向東南，眼看東南。（圖1-58）

圖 1-58

用法：敵人從我四周攻來，我以撥、砸、劈、撩、雲、拍、砍諸法，配以靈活的身法，護住自己，伺機還擊。

歌訣：

撥砸劈撩雲拍砍，金斧繞身晃敵眼。

懷藏八卦踩五行，斧下群敵四處散。

第十九式　托天蓋地

動作 57

左腳從右腳後向西北撤半步，右腳尖向西南，成交叉步。同時，雙手持斧配合用力，使斧向下、向西在身體右側上架，斧刃斜向上，斧刺斜向西下。身體向南，眼向西看去。（圖 1-59）

動作 58

左腳經右腳前向西北落步，與右腳成交叉步。同時，雙

圖 1-59　　　　　　　　　　圖 1-60

手持斧配合用力，使斧向下、向身後、向東、向上、向西下
劈至左腿前，斧刺向西。身體向西南，眼看斧。（圖 1-60）

　　用法：假設身後敵人以長兵器擊打我頭部，我上架對
方兵器，反手劈砍對方。

　　歌訣：

　　　　托天蓋地威武像，妙著暗招式內藏。

　　　　黏崩敵槍反手砍，敵欲逃遁難上難。

第二十式　金雞啄門

　　動作 59

　　右腳向西北方向踏一步，成右弓蹬步。同時，雙手持
斧配合用力，使斧向西北方向刺去。身體向西南，眼看斧
刺的方向。（圖 1-61）

　　用法：承上式，我以斧刺再向對方刺去。

圖 1-61

歌訣：

金雞啄門承上招，三招連發人不曉。

前面二招縱躲過，最後一招敵難逃。

第二十一式　流星趕月

動作 60

重心移到左腿。同時，雙手持斧配合用力，使斧頂向下砸至右腿外側。身體向西，眼看斧。（圖 1-62）

動作 61

重心移到右腿。同時，雙手持斧配合用力，使斧向東北、向上、向西北劈至肋高。身體向西，眼向西北看去。（圖 1-63）

動作 62

重心移到左腳，成左弓蹬步，身體左轉向東南。同

圖 1-62   圖 1-63

圖 1-64

時，雙手持斧配合用力，使斧刃向下、向上、向東南方向
撩出，高與胸平。眼看東南。（圖 1-64）

圖1-65　　　　　　　　　圖1-66

動作63

左腳從右腳後向西北方撤半步，成交叉步。同時，雙手持斧配合用力，使斧向上、向西北、向下劈至左腳後。身體向南，眼看斧。（圖1-65）

動作64

兩腳用力撐地，身體跳起凌空，左後轉身至西偏南方向，兩腳落地，成右弓蹬步。同時，雙手持斧配合用力，使斧刃向東南、向上、向西北劈至胯高。眼看斧。（圖1-66、圖1-67）

用法：假設對方以長兵器向我上中下盤襲擊，我因敵變化，用砸、撩、劈、拖斧、騰空掄劈等斧法，連綿不斷應敵，破招獲勝。

歌訣：

斧法連綿用不盡，上中下盤應招發。

圖 1-67

撥撩砸砍翻身劈，因敵變化生萬法。

第二十二式　倒踢山門

動作 65

雙手持斧配合用力，使斧鑽向東南方向刺去，斧刃向西南，斧頭在腹前。同時，重心移到左腿成左獨立步，提起右腳向西北方向蹬去，腳心向西北，腳尖向西南。眼向西北看去。（圖 1-68）

用法：我以斧頭鉤掛住對方兵器，拉動對方，以斧刺刺向後面的敵人，以腳蹬踹前面敵人的腹胸部。

歌訣：

倒踢山門出奇招，斧頭鉤掛敵下馬。

前蹬一腳敵命損，身後一刺膛開花。

圖 1-68

第二十三式　伏虎聽風

動作 66

身體左轉，右腳收回向東南方向邁一步，成右弓蹬步。同時，雙手持斧配合用力，使斧刃向南、向東砍至東北方向。身體向東北，眼關注斧的轉動。（圖1-69）

動作 67

身體繼續左轉，左腳向東南方向撤一步，成右仆步。同時，雙手持斧配合用力，使斧刃向北、向西、向東南方向畫弧橫砍，斧面下壓與胯同高。身體向南，眼看斧。（圖1-70）

用法：我以斧攔腰橫砍一周對付四面八方的敵人後，伺機發招。

圖 1-69

圖 1-70

歌訣：

　　不畏敵人蜂擁來，攔腰橫砍掃四方。

　　戰隙如虎臥聽風，奮起再戰志昂揚。

圖 1–71

第二十四式　右撥雲見日

動作 68

重心移到右腿，雙手持斧配合用力，使斧向西、向北、向東雲轉一周至東南方向下壓，高與胸平，雙手交叉，右手在前，左手在後。身體向東南，眼關注斧的運轉。（圖 1–71）

動作 69

左腳向西邁一步，兩腳虛實轉換，身體右轉。同時，雙手持斧配合用力，使斧向西畫弧，斧刺向西。眼關注斧的運轉。（圖 1–72）

動作 70

重心移到右腿，成右弓蹬步。同時，雙手持斧配合用力，使斧向東畫弧右砍，斧與胸同高，斧刺向東。身體向

圖 1-72

圖 1-73

東北，眼向東看去。（圖 1-73）

　　用法：假設敵人從四面八方合圍過來，我以雲斧撥格

圖1-74

打來的兵器，再向右攔腰橫砍群敵。

第二十五式　左撥雲見日

動作71

身體左轉，兩腳虛實轉換，重心左移，成左弓蹬步。同時，雙手持斧外旋配合用力，轉斧刃向前、向北、向西旋轉，斧刺向西。眼睛關注斧的運轉。（圖1-74）

動作72

身體右轉，兩腳虛實轉換，重心右移，成右弓蹬步。同時，雙手持斧配合用力，使斧向北、向東至頭右上方，斧刃向東。身體向東北，眼向西看。（圖1-75）

動作73

重心移到左腿，成左弓蹬步。同時，雙手持斧配合用力，使斧向下、向西撩至胸高。身體向西，眼向西看去。

圖 1-75

圖 1-76

（圖 1-76）

用法：我以纏、撥、撩等斧法打擊從左方犯我的敵人。

圖 1–77   圖 1–78

歌訣：

　　大斧猛，右砍左撩，破敵陣，右衝左突。

　　驅迷霧，撥雲見日，英雄漢，鐵壁難阻。

第二十六式　順風打旗

動作 74

　　身體向右後轉，右腳收回至左腳旁，腳尖點地。同時，雙手持斧配合用力，使斧頂向下畫弧至右腳旁。身體向東，眼看斧。（圖 1–77）

動作 75

　　右腳向西撤一步，成右弓蹬步。同時，雙手持斧配合用力，使斧向西、向上在身體右側舉起，斧鑽與右腳尖上下對齊，離地面五寸左右，斧刃向南。身體西南，眼向南看去。（圖 1–78）

圖 1-79

用法：

1.身後有敵用長兵器擊來，我卸步以頂、撥、砸對方兵器，伺機還擊。

2.獲得勝利，舉斧歡慶。

歌訣：

　　演罷一路太極斧，高舉大斧凱歌奏。

　　絕藝不絕代代傳，揚威天下美名留。

收　勢

動作 76

　　左腳收回至右腳旁，成立正姿勢。同時，雙手持斧使斧鑽落到右腳旁，左手離斧柄，收回左外側自然下垂。身體向南，眼向南平視。（圖 1-79）

趙堡太極雙刀

一、太極雙刀簡介

自古以來趙堡就有雙刀流傳。古代的雙刀，男女均用，以女用為多。因為雙刀為輕兵器，靈巧多變，加以步法靈活，所以很適合女性演練。現在在趙堡演練的雙刀，是趙堡太極拳體系中的一種短兵器，是歷代趙堡太極拳前輩所演練傳遞的。

趙堡太極雙刀套路共三十式，主要包括劈、砍、撩、刺、絞、剁、紮、架、抹、舞花等刀法。

二、太極雙刀的演練要求

趙堡太極雙刀是按照趙堡太極拳的手、眼、身、法、步的要求進行演練的，各種練習的要領與趙堡太極拳相同。此外，作為一種雙刀兵器，它具有以下獨特的練習要求。

1. 雙手握刀，以走圓為主，圓中有方。演練趙堡太極雙刀，要主次分明，一般是一刀陽、一刀陰，陰陽輪換。在演練過程中一般要求一刀在上、一刀在下，一刀在左、一刀在右，一刀在前、一刀在後，在舞動中儘量掄圓，使雙刀護住周身，俗話說：「掄起雙刀來，水都潑不進。」這是雙刀走圓的作用。

走圓是趙堡太極雙刀的基本要求，也是主要要求，而圓中有方則是趙堡太極雙刀的主要作用，圓為防、為守，方為攻、為擊，方圓結合，攻防合一。

2. 趙堡太極雙刀的演練也要符合「三直、四順」，內外三合，不撇不停不流水。

3. 趙堡太極雙刀的演練要求招式分明，刀法攻防意識明確。在演練過程中要注意身隨刀走，刀隨身行，做到刀身合一、身械協調。

4. 趙堡太極雙刀的演練特別要求步法靈活。武術諺語中有「雙刀看走，單刀看手」的說法，其中一個「走」字，充分表明了雙刀演練，步法必須密切配合身法和刀法的運轉，使身體在外形上符合外三合的要求，以便逐漸做到內外三合。

三、太極雙刀的作用

趙堡太極雙刀除了具有趙堡太極拳和趙堡太極系列中其他兵器的一般功能外，還有自己的特殊功能。就是雙刀的演練能使身體靈活性、協調性得到很好的鍛鍊，由於雙刀的上下、左右、前後的運轉，使人的左右腦得到全面的運用，能啟動和開發人的智慧，因此演練雙刀會使身心得到很好的鍛鍊，達到健康身心的目的。

四、太極雙刀練習注意事項

1. 在練好趙堡太極單刀的基礎上，再練趙堡太極雙刀。因為雙刀是在單刀的基礎上創編的，其中包含了單刀的刀法，在一般情況下，熟悉單刀的刀法後練習雙刀才有基礎，所以，在練習雙刀前最好是先學單刀。

2. 注意左手單刀的配合動作。一般人多使用右手，雙手舞刀時往往左手與右手配合不上，這需要慢慢地讓左手適應並與右手配合。研究認為，人的左腦是管理邏輯思維的，右腦是管理藝術思維的，左腦管理右手，右腦管理左手，一般左腦使用比較多，右腦使用比較少。而趙堡太極雙刀的演練，需要左右動作連貫一致，不能右手快、左手慢。但是一般人的習慣是左手使用少，所以配合起來比較困難，經過一段時間的練習，才能慢慢使雙手動作一致、協調配合。

3. 在演練過程中不能讓雙刀碰紮到自己的身體。由於趙堡太極雙刀演練的速度比較快，開始時不太熟悉刀法，容易使動作凌亂，使刀刃碰刮到自己，造成傷害。因此，在學習趙堡太極雙刀時要循序漸進，從單刀到雙刀，從慢練到快練，並在老師的指導下慢慢地將各種刀法準確掌握，運用自如。

五、太極雙刀各部分的名稱和主要技法介紹

(一)太極雙刀各部分的名稱

趙堡太極雙刀各部分的名稱如圖甲所示。

(二)太極雙刀主要技法介紹

太極雙刀為雙兵器，其特點之一是一攻一防，並且需要左右手的密切配合。以下重點介紹主手兵器的使用方法。

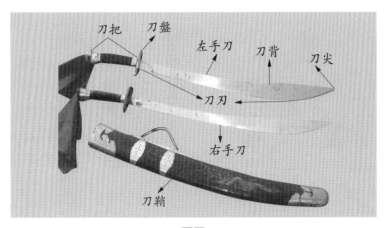

圖甲

1.劈 法

下盤成弓蹬步，一手或雙手握刀，以刀刃由上向前、向下擊打，稱為劈法。（圖1）

圖1

圖2

2.砍法

下盤成弓蹬步,用勁使刀刃由上斜向下擊打,或由下斜向上擊打,稱為砍法。(圖2)

3.撩法

用勁使刀刃由下向前、向上撩起,下盤配合各種步法,稱為撩法。(圖3)

4.刺法

一手或雙手握刀,使刀刃向下、刀尖向前刺去,稱為刺法。(圖4)

5.剁法

一手或雙手握刀,使刀刃向下快速下砍,或短距離以

圖 3

圖 4

寸勁下砍，稱為剁法。（圖 5）

圖5

圖6

6.抹法

一手或雙手握刀,平刀以刀刃橫拉,稱為抹法。(圖6)

六、太極雙刀刀譜

第一式　　起　勢　　　　第十六式　　猛虎回頭

第二式　　舞花刀　　　　第 十 七 式　　哪吒探海

第三式　　反手三刀　　　第 十 八 式　　左右上撩

第四式　　朝陽刀　　　　第 十 九 式　　白雲蓋頂

第五式　　羅漢降龍　　　第 二 十 式　　雙刀屠龍

第六式　　撥雲望月　　　第二十一式　　反手舞花

第七式　　舞花下砍　　　第二十二式　　困龍出海

第八式　　朝陽刀　　　　第二十三式　　力劈華山

第 九 式　　雙刀攪項　　　第二十四式　　白蛇吐信

第 十 式　　孤雁出群　　　第二十五式　　定步舞花

第十一式　　雙刀朝陽　　　第二十六式　　古樹盤根

第十二式　　力劈華山　　　第二十七式　　雙刀朝陽

第十三式　　朝陽刀　　　　第二十八式　　回身刀

第十四式　　雙刀朝陽　　　第二十九式　　霸王舉鼎

第十五式　　雁別金翅　　　第 三 十 式　　收　勢

七、太極雙刀動作圖解

第一式　起　勢

動作1

　　兩腳成立正姿勢。雙手握刀，刀在臂前，刀刃向前，刀尖向上。身體向正南，眼平視。（圖2-1）

圖 2-1　　　　　　　　　　圖 2-2

動作 2

左腳向左踏一步，與肩同寬，兩腳尖向前。其餘動作不變。（圖 2-2）

第二式　舞花刀

動作 3

重心移到左腿，右腳提起，約離地面一尺。其餘動作不變。（圖 2-3）

動作 4

右腳落下跺地，重心移到右腿；左腳向東踏出一步，腳尖向東偏南，右腳尖向南偏東，兩腳虛實轉換。同時，右手握刀以刀尖向西畫弧，刀刃向西，刀尖斜向上；左手握刀以刀刃向東、向下畫弧至胯平。身體向東南，眼向東看去。（圖 2-4）

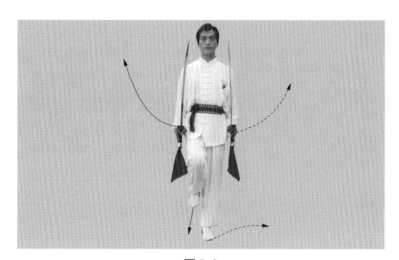

圖 2-3

圖 2-4

動作 5

重心移到左腿，成左弓蹬步，左腳尖向東偏南，右腳

圖2-5

尖向南偏東（以下文中出現左弓蹬步，不再說明腳尖方向）。同時，右手握刀以刀刃向西、向南、向東畫弧至東北方向，刀刃向西北，刀尖向東北；左手握刀外旋轉刀刃向南，刀尖向東，雙手在腹前交叉，右手在上。身體向東，眼向東看去。（圖2-5）

動作6

右腳向東邁一步，成右弓蹬步，右腳尖向東偏北，左腳尖向北偏東（以下文中出現右弓蹬步，不再說明腳尖方向）。同時，右手握刀內旋向左纏頭過腦至頭右上方，刀身斜向西下，刀刃向外，刀尖向下；左手握刀內旋轉刀刃向北、向西橫抹至胯高，刀身向西，刀刃斜向下，刀尖向北。身體向北，眼向西看去。（圖2-6）

動作7

身體左後轉，左腳從右腳後向東退一步，成右弓蹬步。同時，右手握刀向外旋轉刀刃向北、向西畫弧至刀刃

圖 2-6

圖 2-7

向東南，刀尖向西偏南；左手握刀向外旋轉刀刃向東北抹
至刀尖向西偏北，雙手交叉，右手在上。身體向西，眼向
西看去。（圖 2-7）

圖 2-8

動作 8

身體左轉，重心移到左腿，成左弓蹬步。同時，左手握刀向南、向東北畫弧，刀刃向東南；右手內旋使刀刃向外，向南、向東北畫弧，刀面置於左前臂上，刀刃向東南。身體向東南，眼向東北看去。（圖 2-8）

動作 9

身體右轉，重心移到右腿，成右弓蹬步。同時，右手握刀外旋向西南畫弧，使刀刃向東南，刀尖向西南；左手握刀向西北方向平抹，刀刃向東北，刀尖向西北，置於右前臂上，兩臂交叉。身體向西，眼向西看去。（圖 2-9）

動作 10

身體右後轉，左腳向西邁一步，成左弓蹬步。同時，右手握刀內旋向北、向東橫抹至胯高，刀身向東，刀刃斜向下，刀尖向北；左手握刀向右纏頭裹腦至頭左上方，刀

圖 2-9

圖 2-10

身斜向東下，刀刃向外，刀尖向下。身體向北，眼向東看
去。（圖 2-10）

圖2-11

圖2-12

動作11

身體右後轉，右腳從左腳後向西撤一步，成右弓蹬步。同時，左手握刀向下、向東、向南畫弧至左胯前，刀刃斜向下，刀尖向南；右手握刀向下、向後、向上畫弧至頭前落至左刀面上，雙刀交叉。身體向南，眼看雙刀。（圖2-11）

動作12

左腳收至右腳旁，兩腿屈膝下蹲，腳尖點地。同時，右手握刀上提至頭高，左手握刀下切至膝外側。眼看左刀。（圖2-12）

用法： 我以劈、撥、切、纏頭裹腦等刀法防住自己，伺機還擊對方。

圖 2-13

第三式　反手三刀

動作 13

身體立起，左腳向東踏一步，成左弓蹬步。同時，左手握刀外旋向上、向東劈至胯高，刀尖向東；右手握刀落至右胯旁，刀尖向南。身體向東南，眼向東看去。（圖 2-13）

動作 14

身體左轉，右腳向東邁一步，成右弓蹬步。同時，右手握刀向後、向上、向東劈至胯高，刀尖向東；左手握刀回收置於胯前，刀刃向下。身體向東北，眼向東看去。（圖 2-14）

動作 15

右手握刀在身前向西、向上、向東立圓劈至胯高，刀尖向東。左手、身、眼不變。（圖 2-15）

圖 2–14

圖 2–15

用法：我連續向敵進擊三刀，其中包含追擊敵人的招
數。

圖 2-16

第四式　朝陽刀

動作 16

　　身體左轉至向西南，重心移到左腿，右腳向西邁一步，成右弓蹬步。同時，左手握刀上舉至頭前上方，刀刃向上，刀尖向北；右手握刀向下、向西刺去，高與肩平，刀刃向下，刀尖向西。眼向西看去。（圖 2-16）

　　用法：對方以兵器向我身後擊來，我以左刀上架、右刀向敵胸部刺去。

第五式　羅漢降龍

動作 17

　　身體左後轉，重心移到左腿，左腳尖向東偏北，右腳收至左腳旁，前腳掌點地，兩腿屈膝下蹲。同時，左手握

圖 2-17

刀向身前下切至膝蓋前，刀尖向東；右手握刀向下、向上、向東劈至膝前，刀尖微斜向上。身體向東，眼向東看去。（圖 2-17）

用法：對方以兵器向我身後擊來，我先以左刀下切對方兵器，後以右刀劈向對方。

第六式　撥雲望月

動作 18

身體立起，右腳踏實，重心在右腿，成右獨立步；左腳提起向東北方向蹬出，腳心向東。同時，右手握刀內旋使刀刃向南、向上畫弧高於頭，刀刃向上，刀尖向東；左手握刀向身體左側畫弧，與胯同高，刀刃斜向北下，刀尖向東。身體向東，眼向東看去。（圖 2-18）

用法：我以刀撥開敵人向我面前擊來的兵器，以左腳

圖 2-18　　　　　　　　圖 2-19

蹬擊對方腹胸部。

第七式　舞花下砍

動作 19

左腳向東落步，兩腳虛實轉換。同時，右手握刀向東北方向畫弧至胯高，刀刃向下，刀尖向東北；左手握刀畫弧至東南方向，刀刃向下，刀尖向東南，與右刀交叉，右刀在上。（圖 2-19）

動作 20

身體左轉，右腳向東踏一步，兩腳虛實轉換。同時，右手握刀內旋，向西、向上、向東立圓畫弧至胯高；左手握刀向後畫弧至左胯旁，兩刀刃向下，刀尖向東。身體向東北，眼向東看去。（圖 2-20）

圖 2-20

動作 21

身體重心前移至右腿，左腳提起，成右獨立步。同時，左手握刀先外旋後內旋，刀刃向北、向東、向南畫弧至身體右側，刀尖向西；右手握刀內旋，刀刃向北從左臂下畫弧至身體左側，刀尖向西，雙手胸前交叉，身體向東，眼向東看去。（圖 2-21）

動作 22

右腳原地跳起，落下震腳。同時，雙手握刀外旋，以刀向上、向東半個腕花壓至腹高，刀刃向外，刀尖向東。身法不變，眼向東看去。（圖 2-22）

動作 23

左腳向東踏一步，兩腳虛實轉換。同時，右手握刀內旋向右後畫弧至右腿前，刀刃斜向西下；左手握刀內旋向前下畫弧至左腿前，刀身向東南，刀刃向下，刀尖向東

圖 2-21

圖 2-22

圖 2-23

南。身體向東南，眼向東看去。（圖 2-23）

圖 2-24

動作 24

右腳提起收至左腳旁，前腳掌著地，兩腿屈膝下蹲。同時，左手握刀下切至膝前，右手握刀向上、向東使刀刃向前畫弧至膝前。身體向東，眼向東看去。（圖 2-24）

用法：我以舞花刀法撥格從左右和前面攻來的兵器，然後向前劈擊對方。

第八式　朝陽刀

動作 25

身體立起，右腳踏實，重心移到右腿，左腳向東邁一步，腳跟著地，兩腳虛實轉換。同時，右手握刀內旋使刀刃向上畫弧至頭右上側，左手握刀轉刀刃向東、向上畫弧至腰高。身體向南偏東，眼向東看去。（圖 2-25）

動作 26

重心前移至左腿，成左弓蹬步。同時，左手握刀向上

圖 2-25

圖 2-26

畫弧架至頭前上方；右手握刀向西、向下、向東刺去，刀
刃向下，高與肩平。身體向東，眼向東看去。（圖 2-26）

圖 2-27　　　　　　　　圖 2-28

用法：對方以兵器向我頭部擊來，我以左刀上架，右刀向對方直刺。

第九式　雙刀攬項

動作 27

身體右轉，重心移到右腿，兩腳虛實轉換。同時，右手握刀內旋向下、向南、向西畫弧至刀刃向西，刀尖向南，刀與腰高；左手握刀畫弧至頭左側，刀身斜向北下，刀刃向外。身體向西南，眼向西看去。（圖 2-27）

動作 28

身體右後轉，左腳向西邁一步，兩腳虛實轉換。同時，左手握刀先外旋後內旋使刀刃向東、向南、向西畫弧至腰高，刀尖向北，刀刃向西；右手握刀向北、向東、向南畫弧至右側頭上方，刀身斜向南下，刀刃向外，刀尖向下。身體向西北，眼關注雙刀轉動。（圖 2-28）

圖 2-29

圖 2-30

動作 29

身體右後轉，右腳向西撤一步，兩腳虛實轉換。同時，右手握刀向南、向西畫弧後，上提至右臂後，刀刃向北，刀尖向下；左手握刀向北、向東畫弧至身前，與腰同高，刀刃向東，刀尖向南。身體向南，眼向東看去。（圖 2-29）

動作 30

重心移至右腿，左腳收至右腳旁，腳尖點地。同時，左手握刀下落收至左前腿前；右手握刀向後、向東裹腦至右胸前，刀刃向南，以右刀面壓左刀面，雙刀交叉。身體向南偏東，眼關注刀的轉動。（圖 2-30）

動作 31

兩腿屈膝下蹲，右手握刀上提至頭高，左手握刀下切至左膝外側。眼看左刀。（圖 2-31）

用法：對方從我身後以兵器擊來，我雙刀分別以纏頭

圖 2-31

裹腦刀法撥格對方兵器，防護周身，伺機還擊。

第十式　孤雁出群

動作 32

身體立起，左腳向東北踏一步，成左弓蹬步。同時，左手握刀外旋向西、向上、向東北畫弧劈至胯高，刀尖向東北；右手握刀下落至右胯旁，刀刃向下，刀尖向南。身體向東南，眼向東北看去。（圖 2-32）

用法：承上式，我以左刀下切對方兵器後，繼續向左前方的敵人劈去。

第十一式　雙刀朝陽

動作 33

身體重心前移，右腳提起，成左獨立步。同時，右手握刀內旋向東、向北畫弧至頭左側前，刀刃向東北，刀尖

圖 2-32　　　　　　　　圖 2-33

斜向下；左手握刀外旋使刀刃向東北，刀尖斜向下，雙刀
平行。身體向東，眼關注雙刀的轉動。（圖 2-33）

動作 34

左腳用力一撐屈膝提起，右腳往東北方向落步，成右
獨立步。同時，雙手握刀纏頭至身體右側，右刀與胯同
高，左刀與腰同高，刀刃向西南，刀尖向西北。身體向西
南，眼向西南看去。（圖 2-34）

動作 35

左腳向東北落步，成左弓蹬步。同時，雙手握刀向
下、向東北平行刺去，右刀與頭同高，左刀與肩同高，刀
刃向東南，刀尖向東北。身體向東北，眼向東北看去。
（圖 2-35）

用法：對方以兵器向我左側擊來，我雙刀同時向外格
架後向對方刺去。

圖 2-34

圖 2-35

第十二式　力劈華山

動作 36

右手握刀稍外旋，轉刀刃向下、向右腳前畫弧；左手

圖 2-36

握刀內旋，轉刀刃向左下畫弧攔至胯前，刀尖向南偏東。
身體向東南，眼關注刀的轉動。（圖 2-36）

動作 37

右腳收至左腳旁，前腳掌點地，兩腿屈膝下蹲。同
時，左手握刀下切至膝下；右手握刀先外旋後內旋向西
南、向上、向東北畫弧下劈，刀刃低於膝，刀尖向東北。
身體向東北，眼關注刀的轉動。（圖 2-37）

用法：對方兵器向我正面擊來，我以左刀攔切，以右
刀劈向對方。

第十三式　朝陽刀

動作 38

身體立起，重心移到右腿，左腳向東北邁一步，腳跟
著地，兩腳虛實轉換。同時，右手握刀內旋使刀刃向上畫
弧至頭右側上方，左手握刀內旋轉刀刃向東、向上畫弧至

圖 2-37

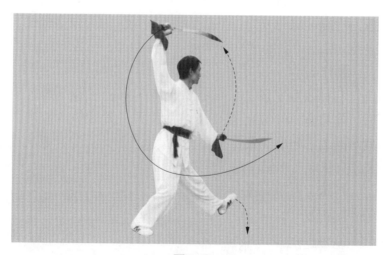

圖 2-38

腰高。身體向東偏南，眼向東北看去。（圖2-38）

動作39

左腳踏實，重心移至左腿，成左弓蹬步。同時，左手

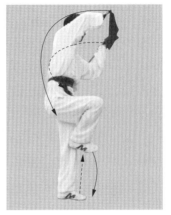

圖 2-39　　　　　　圖 2-40

握刀向上畫弧至頭前上方；右手握刀向西南、向下、向東北刺去，刀刃向下，高與肩平。身體向東北，眼向東北看去。（圖 2-39）

用法：對方兵器向我左側襲來，我先以左刀上架格擋對方兵器，後以紮刀直刺其胸部。

第十四式　雙刀朝陽

動作 40

身體重心前移至左腿，右腳提起，成左獨立步。同時，右手握刀稍內旋向上、向北畫弧至頭左側前，刀刃向東北，刀尖斜向下；左手握刀外旋使刀刃向東北，刀尖斜向下，雙刀平行。身體向東北，眼關注雙刀的轉動。（圖 2-40）

動作 41

左腳用力一撐屈膝提起，右腳往東北方向落步。同時，雙手握刀纏頭至身體右側，右刀與胯同高，左刀與腰

圖 2-41

同高，刀刃向西南，刀尖向西北。身體向西南，眼向西南看去。（圖 2-41）

動作 42

左腳向東北落步，成左弓蹬步。同時，雙手握刀向下、向東北平行刺去，右刀與頭同高，左刀與肩同高，刀刃向東南，刀尖向東北。（圖 2-42）

用法：同第十一式。

第十五式　雁別金翅

動作 43

身體稍右轉，重心移到右腿，左腳收回至右腳旁，腳尖點地。同時，雙手握刀轉刀背向上、向西、向下畫弧至右腿前。身體向南偏東，眼關注雙刀。（圖 2-43）

動作 44

身體稍向左轉。同時，雙手握刀向上、向北畫弧，右

圖 2-42

圖 2-43

圖 2-44

刀面置左前臂上，刀刃向東北，刀尖向北。身體向北偏東，眼向東北看去。（圖 2-44）

用法：我以雙刀向右、向左撥截對方兵器。

圖 2-45

第十六式　猛虎回頭

動作 45

身體右後轉，左腳從右腳前向西跨一步，成左弓蹬步。同時，雙手握刀不變，隨身體向右轉動。身體向西北，眼向西看去。（圖 2-45）

動作 46

身體繼續右後轉，左腳尖內扣轉向東北，右腳收回至左腳旁，前腳掌點地。同時，雙手握刀不變，隨身體向右後轉動。身體向東南，眼關注刀的轉動。（圖 2-46）

動作 47

右腳向西撤一步，成左弓蹬步。同時，右手握刀外旋以刀背向下、向西畫弧至右腿前，左手握刀內旋向上、向南畫弧至左腿前。身向南偏東，眼向東看去。（圖 2-47）

圖 2-46　　　　　　　　　圖 2-47

圖 2-48

動作 48

左手握刀收至左腿上方；右手握刀內旋向西、向上、向東掄劈至膝高，刀刃向下，刀尖向東。身體向東，眼向東看去。（圖 2-48）

圖 2-49

用法：我以雙刀抹格對方兵器後向前劈對方。

第十七式　哪吒探海

動作 49

重心後移到右腿，左腳向西退一步，成右弓蹬步。同時，右手握刀轉刀刃向上、向西、向東下刺去，刀在右膝前，刃尖斜向東下；左手握刀轉刀刃向上托至頭上方，刀刃向上，刀尖向南。身體向東北，眼向東看去。（圖 2-49）

用法：對方從我前面以兵器打來，我以左刀上架其兵器，卸步以右刀刺紮其下部。

第十八式　左右上撩

動作 50

身體左轉，重心移到左腿，成左獨立步，右腳提起向

圖 2-50　　　　　　　　圖 2-51

西北方向蹬出。同時，雙手握刀向下、向上、向西北撩起，左刀高於頭，右刀高於肩，刀刃向上，刀尖向西北。身體向西南，眼向西北看去。（圖 2-50）

動作 51

右腳向西南方向落步，左腳提起向西蹬出，身體右轉。同時，雙手握刀向上、向東南、向下、向西立圓撩起，右刀高於頭，左刀高於肩，刀刃向上，刀尖向西。身體向西北，眼向西看去。（圖 2-51）

用法：假設對方在我身後以兵器向我擊來，我以雙刀向後同時撩起格擋，以腳蹬其胸腹部。

第十九式　白雲蓋頂

動作 52

左腳向西落步，成左弓蹬步。同時，右手握刀內旋向

圖 2-52

北、向東橫抹至胯高，刀身向北，刀刃斜向下，刀尖向北；左手握刀向右纏頭至頭左上方，刀刃向南。身體向北，眼向東看去。（圖 2-52）

動作 53

身體右後轉，右腳從左腳後向西邁一步，成右弓蹬步。同時，左手握刀向下、向東、向南畫弧至左胯側，刀身向南，刀刃斜向下，刀尖向南；右手握刀向下、向西、向上畫弧至頭前再落至左手刀面上，雙刀交叉。身體向南，眼看刀。（圖 2-53）

動作 54

左腳收回至右腳旁，腳尖點地，兩腿屈膝下蹲。同時，右手握刀上提至頭高，左手握刀下切至左膝外側。身體向南，眼看左刀。（圖 2-54）

用法：我以刀纏頭格撥對方兵器，伺機還擊對方。

圖 2-53

圖 2-54

第二十式　雙刀屠龍

動作 55

身體立起左轉，左腳向東踏一步，兩腳虛實轉換。同

圖 2-55

時，左手握刀向東畫弧至胯高，刀刃向下，刀尖向東；右手握刀向下、向西、向東北畫弧至胯高，刀刃向下，刀尖向東，兩手腕交叉，右手在上。（圖 2-55）

動作 56

身體左轉，右腳向東踏一步，兩腳虛實轉換。同時，右手握刀向西、向上、向東立圓畫弧至胯高，左手握刀向西畫弧至左胯旁，兩刀刃向下，刀尖向東。身體向東北，眼向東看去。（圖 2-56）

動作 57

身體右後轉，左腳向東邁一步，兩腳虛實轉換。同時，左手握刀轉刀刃向南、向上、向東畫弧至身前，刀尖向東偏南；右手握刀轉刀刃向北，刀尖向東偏北，雙手交叉，左刀在上。身體向東，眼向東看去。（圖 2-57）

動作 58

右手握刀向下、向西畫弧至右腿外側；左手握刀向

圖 2-56

圖 2-57

下、向西、向東立圓畫弧至胯高，刀刃向下，刀尖向東。
身體向東南，眼關注左刀。（圖2-58）

動作 59

身體左轉，右腳向前邁一步，兩腳虛實轉換。同時，

圖 2-58

圖 2-59

右手握刀先外旋後內旋向西、向上、向東畫弧劈至胯高，
刀刃向下，刀尖向東；左手握刀收置左胯旁。身體向東
北，眼向東看去。（圖 2-59）

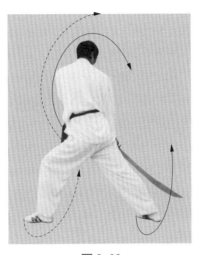

圖 2-60

圖 2-61

動作 60

身體稍左轉,重心移到左腿,兩腳虛實轉換。同時,雙手握刀向下畫弧至兩腿前。身體向西北,眼關注刀的轉動。(圖 2-60)

動作 61

左腳用力撐地跳起,身體騰空左後轉

圖 2-62

360°,兩腳下落,成右弓蹬步。同時,雙手握刀向西、向上、向東掄劈至胯前。身體向東北,眼看雙刀。(圖 2-61、圖 2-62)

圖 2-63

用法：對方以兵器向我正面擊來，我以左右掄劈刀法防護，並騰身跳起以雙刀向對方劈去。

第二十一式　反手舞花

動作 62

雙手握刀外旋，同時轉刀刃向左右上方撩起至頭高。眼向東看去。（圖 2-63）

動作 63

右腳從左腳後向西退一步，兩腳虛實轉換。同時，雙手握刀內旋向西、向下、向東立圓撩起在胸前交叉，刀刃斜向外，刀尖向東，右手在上。身體向東，眼向東看去。（圖 2-64）

動作 64

左腳從右腳後向西退一步，兩腳虛實轉換。同時，雙手握刀外旋轉刀刃向左右上方撩起至頭高。眼向東看去。

圖 2-64

圖 2-65

（圖 2-65）

動作 65

　　右腳從左腳後向西退一步，兩腳虛實轉換。同時，雙手握刀內旋向西、向下、向東立圓撩起在胸前交叉，刀刃

圖 2-66

斜向外，刀尖向東，右手在上。身體向東，眼向東看去。
（圖 2-66）

動作 66

身體右轉，重心移到右腿。同時，左手握刀內旋轉刀
身向南落至左胯側，刀刃斜向下，刀尖向南；右手握刀內
旋畫弧至右胸前下落在左刀面上，雙刀交叉。身體向南，
眼看雙刀。（圖 2-67）

動作 67

左腳收至右腳旁，腳尖點地，兩腿屈膝下蹲。同時，
右手握刀上提至頭高，左手握刀下切至左膝外側。身體向
南，眼看左刀。（圖 2-68）

用法：有敵從我兩側以兵器擊來，我以反手舞花刀法
絞撥其兵器。

圖 2-67

圖 2-68

第二十二式　困龍出海

動作 68

身體立起左轉，左腳向東北方向邁一步，兩腳虛實轉

圖 2-69

換。同時，右手握刀以刀尖向東、向西北畫弧，刀尖向西北，刀與腹同高；左手握刀以刀尖向西南畫弧，刀尖向西南，刀與腹同高，雙臂胸前交叉，右刀在上。身體向東北，眼向東北看去。（圖2-69）

動作 69

身體左轉，右腳向東北邁一步，兩腳虛實轉換。同時，右手握刀外旋向右纏頭至頭右上方，刀刃向西南，刀尖向下；左手握刀轉刀刃向北、向西南橫抹至胯高，刀身向西北，刀刃斜向下，刀尖向西北。身體向西北，眼向西南看去。（圖2-70）

動作 70

身體左轉，左腳從右腳後向東北退一步，兩腳虛實轉換。同時，右手握刀外旋轉刀刃向北、向西抹至南偏西，刀尖向西南；左手握刀外旋轉刀刃向西北抹至刀尖向北偏西，雙手交叉，右手在上。身體向西南，眼向西南看去。

圖 2-70

圖 2-71

（圖 2-71）

動作 71

身體左轉，重心移到左腿，成左弓蹬步。同時，左手
握刀向南、向北畫弧，刀刃向東；右手內旋使刀刃朝外向

圖 2-72

南、向東、向北畫弧，刀面置於左前臂上，刀刃向東。身體向東南，眼向東看去。（圖 2-72）

用法：我以劈、撥、纏頭等刀法防住自己，伺機還擊對方。

第二十三式　力劈華山

動作 72

右手握刀內旋轉刀刃向右腳前畫弧；左手握刀內旋轉刀刃向下畫弧至左胯前，刀尖向南偏東。身體向東南，眼關注刀的轉動。（圖 2-73）

動作 73

身體稍左轉，右腳收回至左腳旁，前腳掌點地，兩腿屈膝下蹲。同時，左手握刀下切至膝下，刀刃向下，刀尖向東；右手握刀向西南、向上、向東北立圓畫弧下劈，刀刃低於膝，刀尖向東北。身體向東北，眼關注刀的轉動。

圖 2-73

圖 2-74

（圖 2-74）

用法：同第十二式。

圖 2-75

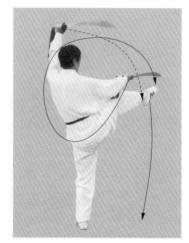

圖 2-76

第二十四式　白蛇吐信

動作 74

身體立起右轉，右腳踏實，重心移至右腿，左腳向東北方向邁一步，兩腳虛實轉換。同時，右手握刀內旋轉刀刃向上、向西南畫弧至頭右上方，刀尖向東北；左手握刀內旋轉刀刃向東北畫弧至胸高，刀尖向南偏東。身體向東偏南，眼向東北看去。（圖 2-75）

動作 75

身體左轉，左腳踏實，左腿成獨立步；右腳提起，向東北方向踢出，腳尖向東北。同時，左手握刀轉刀刃向上畫弧架至頭前上方，刀尖向東南；右手握刀外旋向西南、向下、向東北畫弧刺出，刀刃向西北。身體向北，眼向東北看去。（圖 2-76）

圖 2-77　　　　　　圖 2-78

用法：對方以兵器向我擊來，我左刀向上托架其兵器，右刀刺其頭部，同時提右腳踢其腹胸。

第二十五式　定步舞花

動作 76

右腳向東北落步，兩腳虛實轉換。同時，右手握刀向下、向西南、向上、向東北方向立圓畫弧劈至胯高，刀刃向下，刀尖向東偏北；左手握刀向下畫弧至東北偏東方向，與右刀交叉，刀刃向下，刀尖向東北偏東，右刀在上。（圖 2-77）

動作 77

右手握刀向西南、向上纏頭向東北畫弧至胯高；左手握刀向西南畫弧至左胯旁，兩刀刃向下，刀尖向東北。身體向北，眼向東北看去。（圖 2-78）

圖 2-79

動作 78

左手握刀外旋轉刀刃向西南、向上、向東畫弧至身前，與胯同高，刀尖向東；右手握刀從左臂下稍向北畫弧，刀尖向東北。身體向東北，眼關注刀的轉動。（圖 2-79）

動作 79

右手握刀向下、向西南畫弧至身體右後側，刀刃斜向西南下方；左手握刀稍前移。身法不變，眼向東北看去。（圖 2-80）

動作 80

右手握刀向上、向東北畫弧，與左手腕交叉，刀尖向東北；左手握刀轉刀刃向下稍落至胯高。身眼不變。（圖 2-81）

動作 81

身體稍左轉，重心移到右腿，兩腳虛實轉換。同時，

圖 2-80

圖 2-81

右手握刀向左纏頭至右肩後，刀尖向下；左手握刀轉刀刃
向北、向西南橫抹至腰高，刀刃斜向西南，刀尖向西北。

圖 2-82

身體向西北，眼向西南看去。（圖 2-82）

動作 82

身體左轉，右腳向西邁一步，成左仆步，兩腳虛實轉換。同時，左手握刀向南、向東平抹至胯高，刀刃斜向下，刀尖向南；右手握刀平抹至正西，轉向上、向東、向下畫弧，以右刀面搭在左刀面上。身體向南，眼向東看去。（圖 2-83）

動作 83

左腳收回至右腳旁，腳尖點地，兩腿屈膝下蹲。同時，右手握刀上提至頭高，左手握刀下切至膝外側。身體向南，眼看左刀。（圖 2-84）

用法：我以舞花刀法格撥對方兵器，伺機還擊。

圖 2-83

圖 2-84

第二十六式　古樹盤根

動作84

　　身體立起右轉。同時，右手握刀以刀刃向南、向東畫弧至身體左側，刀尖向東；左手握刀以刀刃向南、向西、

圖 2-85

向北、向東畫弧至身體右側，刀尖向東。身體向西，眼向西看去。（圖 2-85）

動作 85

身體右轉，左腳向西邁一步，成左弓蹬步。同時，右手握刀向西、向北、向東橫抹至胯高，刀身向北，刀刃斜向東，刀尖向北；左手握刀向右纏頭至左肩後，刀刃向外，刀尖向下。身體向北，眼向東看去。（圖 2-86）

動作 86

身體右後轉，右腳從左腳後向西撤一步，成右弓蹬步。同時，左手握刀向下、向東、向南畫弧至左胯前，刀身向南，刀刃斜向東，刀尖向南；右手握刀向下、向西、向上畫弧至右肩後，刀刃向外，刀尖向下。身體向南，眼看左刀。（圖 2-87）

動作 87

身體左轉，重心移到左腿，成左弓蹬步，兩腳虛實轉

圖 2-86

圖 2-87

換。同時，左手握刀向下、向西畫弧至右腋下，刀刃向下，刀尖向西；右手握刀向下、向東畫弧至胯高，刀刃向下，刀尖向東。身體向東南，眼向東看去。（圖 2-88）

動作 88

身體右轉，左腳向右腳後撤半步，兩腿屈膝下蹲，成

圖 2-88

歇步。同時，右手握刀向下、向西撩起；左手握刀隨身轉動，刀刃向上，刀尖向東。身體向西南，眼看右刀。（圖2-89）

用法：對方從我身後以兵器向我擊來，我以左刀護住自己身體，以右刀向其中上部撩去。

第二十七式　雙刀朝陽

動作 89

身體立起，左腳向東踏一步，右腳提起，成左獨立步。同時，左右手握刀向下、向東畫弧至頭左側前，刀刃向東，刀尖斜向下，雙刀平行。身體向東南，眼關注雙刀的轉動。（圖2-90）

動作 90

右腳向東落步，左腳用力一撐提起，成右獨立步。同時，雙手握刀纏頭至身體右側，右刀與胯同高，左刀與腰

圖 2-89

圖 2-90

圖 2-91

同高，刀刃向西南，刀尖向西。身體向南，眼向東看去。
（圖 2-91）

動作 91

左腳向東落步，重心左移，成左弓蹬步。同時，雙手

圖 2-92

握刀向下、向東平行刺出，刀與肩同高，刀刃向下，刀尖向東。身體向東，眼向東看去。（圖 2-92）

用法：用法同第十四式。

第二十八式　回身刀

動作 92

身體右轉，重心移到右腿，左腳提起，成右獨立步。同時，雙手轉刀背向下、向西畫弧至身體右側，兩刀並行。身體向西南，眼關注刀的轉動。（圖 2-93）

動作 93

右腳一撐跳起，左腳向西半步落下，右腳向西邁一步，成右弓蹬步。同時，雙手握刀向上、向西、向東、向下立圓畫弧至左腿前，左刀在裏，右刀在外，刀刃斜向下，刀尖斜向東下。身體向南，眼睛關注刀的轉動。（圖 2-94）

圖 2-2-93　　　　　　　圖 2-94

　　用法：假設對方在我前面以兵器擊來，我以雙刀撥開，並向對方掄劈。

第二十九式　霸王舉鼎

動作 94

　　身體右轉。同時，右手握刀以刀刃向南、向東畫弧至身體左側，刀尖向東；左手握刀內旋以刀刃向南、向西、向北、向東平圓畫弧至身體右側，刀尖向東。身體向西，眼向西看去。（圖 2-95）

圖 2-95

圖 2-96

動作 95

身體右轉，兩腳虛實轉換，左腳向西邁一步，重心左移，成右仆步。同時，右手握刀向北、向東橫抹至胯高，刀身向北，刀刃斜向下，刀尖向北；左手握刀向右纏頭至左肩後，刀刃向外，刀尖向下。身體向北，眼向東看去。（圖 2-96）

動作 96

身體右後轉，右腳向西邁一步，兩腳虛實轉換。同時，左手握刀向下、向東、向南畫弧至左胯前，刀身向南，刀刃斜向下，刀尖向南；右手握刀向下、向西、向上畫弧至右肩後，刀刃向外，刀尖向下。身體向南，眼看左刀。（圖 2-97）

動作 97

身體左轉，重心前移到左腿，兩腳虛實轉換，成左弓蹬步。同時，左手握刀向下、向西畫弧至右腋下；右手握

圖 2-97

圖 2-98

刀向上、向東畫弧至胯高，刀尖向東。身體向東南，眼向東看去。（圖 2-98）

動作 98

身體稍向右轉，重心右移，左腳提起，成右獨立步。

同時，右手握刀向下畫弧至身體右側，轉刀背向上，再向上畫弧至頭頂上方，刀刃向上，刀尖向東；左手握刀隨身轉動，刀刃向外，刀尖向北上。身體向南，眼看南。（圖2-99）

第三十式　收　勢

動作 99

左腳下落踏實，與肩同寬。同時，右手握刀向下落至右胯前，左手握刀移至左胯前。（圖2-100）

圖 2-99

動作 100

左腳向右收回，成立正姿勢。（圖2-101）

圖 2-100

圖 2-101

趙堡太極雙鞭

一、太極雙鞭簡介

雙鞭在武術史上為重兵器，是中國古代以鐵製作的手握短柄兵器，與刀劍不同，它不是用鋒刃去刺斬敵人，而是以砸擊傷敵，因此其質地堅重，常為猛將所用，故古時稱鞭為「大將鞭」。

過去的說書人這樣說鞭：「說起這把鞭，本是賓州鐵，老君爐裏煉，金鋼把錘楔。折了打，打了折，打了二九一十八節。打山山就崩，打地地就裂，打虎虎就死，打龍兩半截，打在人身上，咔嚓！筋斷骨頭折。」可見雙鞭在古代戰場上的威力。

在古典小說中，經常有對用鞭勇將的生動描述，例如《水滸全傳》中，寫雙鞭呼延灼與病尉遲孫立兩將交手，兩人都使鋼鞭，屢建功勳。在這些膾炙人口的故事裏都反映出鞭是一種較為特殊的頗為厲害的兵器。

趙堡太極雙鞭在趙堡流傳久遠，傳說第四代傳人陳敬柏善用雙鞭，在他去世時囑咐家人將他使用的兵器一起埋進墓裏，其中就有雙鞭。雙鞭經過歷代趙堡太極拳傳人按照趙堡太極拳的原理進行改造而傳遞至今，但是由於時代變遷的原因，會演練雙鞭的人已經很少。

現在流傳的趙堡太極雙鞭共有十二式，主要方法有砸、捅、磕、壓、架、掃等，其套路運動特點是招式簡樸、鞭法兇狠，使用起來變幻莫測。

二、太極雙鞭的練習要求

趙堡太極雙鞭的練習，也要按照趙堡太極拳的拳理拳法和各種要領來進行。

1. 雙手握鞭分陰陽。演練雙鞭時，雙手握鞭，陰陽分明。一般來說，鞭繞身圓轉，有前就有後，有左就有右，有上就有下，雙鞭互為陰陽轉換，並在轉換的過程中將鞭掄圓。武術理論認為，兵器是手的延長，鞭的圓轉與趙堡太極拳的動作圓轉是一樣的。

2. 要求做到內外三合、三直四順、不撇不停不流水等。

3. 要注意步法與鞭法的配合。趙堡太極雙鞭是重兵器，演練時步法要靈活、穩健，並與鞭的運轉密切配合，使鞭、身、步合一，形成一個整體。防止上下動作不相隨，鞭法散亂。

三、太極雙鞭的作用

趙堡太極雙鞭與趙堡太極拳其他兵器一樣，其技擊作用是十分明顯的。但是，現代社會雙鞭的使用意義已經微乎其微，人們練習雙鞭更多的是健身養生和作武藝欣賞。而一些以練習功夫為目的的人，練習重兵器雙鞭可以增長臂力，強壯體魄，增加功力。

四、太極雙鞭練習注意事項

練習趙堡太極雙鞭除了掌握一般的趙堡太極拳的兵器練習要求外，還要根據雙鞭的特點和重兵器的特點，掌握好練習的方法。因為鞭比較重，當雙手握鞭運轉時，要注意先後有序，不能讓鞭碰擊到自己的身體。

正規的雙鞭練習，首先要根據自己的需要和對雙鞭重量的承受能力來確定選購或製作適合自己練習的器械，然後再按照雙鞭練習的要求循序漸進地進行。

五、太極雙鞭各部分的名稱 和主要技法介紹

(一)太極雙鞭各部分的名稱

趙堡太極雙鞭各部分的名稱如圖甲所示。

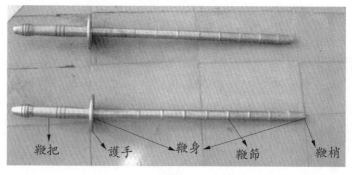

鞭把　　護手　　鞭身　　鞭節　　鞭梢

圖甲

(二)太極雙鞭主要技法介紹

太極雙鞭為雙兵器，其特點是雙手互相配合，一攻一防十分明顯。以下重點介紹主手兵器的使用方法。

1.砸　法

雙手舉鞭，由上而下用力擊打，稱為砸法（圖1）。可以配合各種步法。

2.捅　法

捅，在趙堡鎮一帶方言為「戳」。下盤為弓蹬步。一手握鞭防住對方兵器，另一手握鞭用力使鞭梢向前直戳過去，稱為捅法。（圖2）

圖1

圖2

圖 3   圖 4

3. 磕　法

以鞭由下向上或由上向下弧形撥打，稱為磕法。（圖3）

4. 壓　法

以鞭按住對方兵器，配合各種步法，稱為壓法。（圖4）

5. 掃　法

以單鞭或雙鞭攔腰弧形橫打，稱為掃法。（圖5）

6. 架　法

凡是掤起或頂住對方兵器稱為架法。圖6為左弓蹬

圖 5

圖 6

步，雙腳腳趾抓地，身要直，雙手抓緊鞭把，使鞭身中段
在頭頂交叉向上架住，此勢為架勢。

六、太極雙鞭鞭譜

預備勢　　　　　　　　第 七 式　護心鞭

第一式　朝陽鞭　　　　第 八 式　玉女紉針

第二式　錦雞曬風　　　第 九 式　轉身一鞭

第三式　急三鞭　　　　第 十 式　翻身雙鞭

第四式　左翻身打　　　第十一式　四門鞭

第五式　右翻身打　　　第十二式　倒騎龍

第六式　全舞花鞭　　　收　勢

166

七、太極雙鞭動作圖解

預備勢

動作1

雙手握鞭柄成立正姿勢，鞭在兩臂前。身體向南，眼向南看去。（圖 3-1）

動作2

左腳向左踏一步，成開立步。雙手握鞭和身、眼不變。（圖 3-2）

圖 3-1

圖 3-2　　　　　　　　　　圖 3-3

第一式　朝陽鞭

動作 3

身體重心右移，左腿屈膝提起，成右獨立步。同時，雙手握鞭柄向右上舉起，右手握鞭柄在頭前上方；左手握鞭柄在右肩前，鞭身向東。身體向南，眼向南看去。（圖3-3）

動作 4

左腳向東邁一步，兩腳虛實轉換，重心左移，成左弓蹬步。同時，左手握鞭柄以鞭梢向西、向東南畫弧，鞭身與胸同高，鞭梢向東南；右手握鞭柄向西畫弧至胯高。身體向東南，眼向東看去。（圖3-4）

動作 5

身體左轉。左手握鞭柄不變；右手握鞭柄以鞭梢向

圖 3-4

圖 3-5

南、向東北畫弧，置於左前臂上，鞭梢向東偏北。身體向東，眼關注鞭的轉動。（圖 3-5）

動作 6

身體左轉，右腳向東邁一步，兩腳虛實轉換，重心右

圖 3-6　　　　　　　　　　圖 3-7

移，成右弓蹬步。同時，右手握鞭柄以鞭身向左做纏頭動
作至右肩後，鞭身向下；左手握鞭柄以鞭梢向北畫弧，鞭
身向北。身體向北，眼關注左鞭。（圖 3-6）

動作 7

身體左後轉，左腳從右腳後向東撤一步，重心在右
腿。同時，右手握鞭柄以鞭梢向上、向西、向下畫弧至右
小腿前；左手握鞭柄以鞭身向左下畫弧至右小腿前，與右
鞭相交。身向南偏西，眼關注雙鞭。（圖 3-7）

動作 8

身體左轉，重心移到左腿，成左弓蹬步。同時，雙手
握鞭柄以鞭身交叉向東、向上架於頭前上方。身體向東，
眼關注雙鞭。（圖 3-8）

用法：對方在我右前方以兵器向我擊來，我以雙鞭上
下攔掃格擋後，上架對方兵器，伺機反擊。

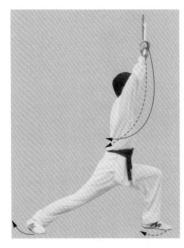 

圖 3-8　　　　　　　　　圖 3-9

第二式　　錦雞曬風

動作 9

身體右後轉，重心移到右腿，兩腳虛實轉換。同時，左手握鞭柄以鞭梢向南、向西、向北、向東平圓畫弧，鞭身向東；右手握鞭柄下落至身左側，鞭梢向東，鞭身與腰平。身體向西，眼向西看去。（圖 3-9）

動作 10

身體右轉，左腳向西邁一步，兩腳虛實轉換。同時，左手握鞭柄以鞭梢向右做纏頭動作至左肩後，鞭梢向下；右手握鞭柄向南、向西、向北、向東立圓畫弧至胸高，鞭身向北。身體向東北，眼向東看去。（圖 3-10）

動作 11

身體右後轉，右腳向西退一步，兩腳虛實轉換。同時，左手握鞭柄以鞭梢向上、向東、向下、向西立圓畫

圖 3-10

圖 3-11

弧，鞭身向西，與腰同高；右手握鞭柄以鞭梢向下、向西、向上、向東砸下至胯高，鞭身斜向上。身體向東南，眼向東看去。（圖 3-11）

圖 3-12

動作 12

身體右後轉，重心移到右腿，成右弓蹬步。同時，右手握鞭柄以鞭身向西南畫弧，鞭身與胸同高，鞭梢向西南；左手握鞭柄隨身轉動，鞭梢向北。身體向西南，眼向西看去。（圖 3-12）

用法： 我雙鞭先以上下、左右和前後格攔對方兵器，後向對方腰身掃擊。

第三式　急三鞭

動作 13

身體左轉，重心移到左腿，成左弓蹬步。同時，左手握鞭柄以鞭梢向上、向東、向下畫弧至胯高，鞭身斜向上，鞭梢向東；右手握鞭柄隨轉身移動下落至胯高。身體向南，眼向東看去。（圖 3-13）

圖 3-13

圖 3-14

動作 14

　　身體左轉，右腳向東邁一步，成右弓蹬步。同時，右手握鞭柄以鞭梢向上、向東畫弧至胯高，鞭身斜向上，鞭梢向東；左手握鞭柄隨轉身移動在左腿前。身體向東北，眼向東看去。（圖 3-14）

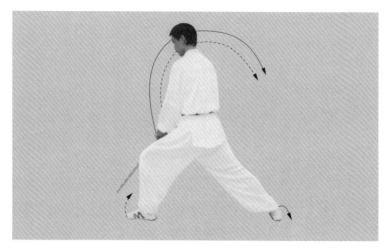

圖 3-15

動作 15

身體左轉，重心移到左腿，兩腳虛實轉換。同時，雙手握鞭柄向下、向西畫弧至左腿內側。身體向西偏北，眼關注鞭的轉動。（圖 3-15）

動作 16

身體右後轉，重心移到右腿，成右弓蹬步。同時，雙手握鞭柄以鞭身向上、向東畫弧至右大腿上方，鞭身微斜向上。身體向東，眼向東看去。（圖 3-16）

用法：我身後有敵人以兵器擊來，迅速閃身以一鞭砸其兵器，另一鞭砸敵，接著雙鞭同時砸向對方。

第四式　左翻身打

動作 17

身體微左轉，重心移到左腿，兩腳虛實轉換。同時，雙手握鞭柄向下畫弧至右腿前。身體向北，眼關注鞭的轉

圖 3-16

圖 3-17

動。（圖 3-17）

動作 18

　　右腳稍離地，左腳用力撐地，跳起凌空左後轉身，然

圖 3-18   圖 3-19

後雙腳同時落地，成右弓蹬步。同時，雙手握鞭柄以鞭梢
向西、向上、向東畫弧至胯高，鞭身稍斜向上，鞭梢向
東。身體向東，眼向東看去。（圖 3-18、19）

　　用法：對方以兵器近身向我擊來，我騰空翻身避過對
方兵器，以雙鞭砸向對方上部。

第五式　右翻身打

動作 19

　　左腳稍離地，右腳用力撐地，跳起凌空右後轉身，然
後雙腳同時落地，成左弓蹬步。同時，雙手握鞭柄以鞭梢
向東、向上、向西畫弧至胯高，鞭身稍斜向上，鞭梢向
西。身體向西，眼向西看去。（圖 3-20、21）

　　用法：身後有敵人以兵器向我下部擊來，我騰空翻身

圖 3-20　　　　　　　　圖 3-21

避過對方兵器，以雙鞭砸向對方上部。

第六式　全舞花鞭

動作 20

　　步法不變。左手握鞭柄以鞭梢向北畫弧，鞭身向北；右手握鞭柄以鞭梢向下、向東、向上、向西立圓畫弧至胯高，鞭身稍斜向上，鞭梢向西，兩臂上下交叉，右手在上。身體向西，眼向西看去。（圖 3-22）

動作 21

　　身體左轉，右腳向西踏一步，兩腳虛實轉換。同時，左手握鞭柄以鞭梢向下、向東畫弧至胯高，鞭身稍向上，鞭梢向東；右手握鞭柄以鞭梢向下、向東、向上、向西立圓畫弧至胯高，鞭身稍斜向上，鞭梢向西。身體向南，眼

圖 3-22

178

圖 3-23

向西看去。（圖 3-23）

動作 22

身體稍右轉。同時，右手握鞭柄以鞭梢向南畫弧，鞭

圖 3-24

身向南；左手握鞭柄以鞭梢向上、向西畫弧至胯高，鞭身稍斜向上，鞭梢向西，兩臂上下交叉，左手在上。身體向西，眼向西看去。（圖 3-24）

動作 23

身體右轉，左腳向西邁一步，兩腳虛實轉換。同時，右手握鞭柄以鞭梢向下、向東畫弧至胯高，鞭身稍向上，鞭梢向東；左手握鞭柄以鞭梢向下、向東、向上、向西立圓畫弧至胯高，鞭身稍斜向上，鞭梢向西。身體向北，眼向西看去。（圖 3-25）

動作 24

身體左轉，右腳向西邁一步，成右弓蹬步。同時，右手握鞭柄以鞭梢向上、向西畫弧至胯高，鞭身稍斜向上，鞭梢向西；左手握鞭柄隨轉身移動至胯前。身體向西南，眼向西看去。（圖 3-26）

圖 3-25

圖 3-26

用法：我以格、磕、掃、攔諸法防護自己，伺機以鞭砸對方上部。

圖 3-27

第七式　護心鞭

動作 25

身體左轉，重心移到左腿，左腳尖向東偏北；右腳回收至左腳旁，前腳掌點地，兩腿屈膝下蹲。同時，左手握鞭柄以鞭身向東下壓至左膝下，鞭身向南；右手握鞭柄以鞭梢向上、向東、向下畫弧至右膝下，鞭身稍斜向上，鞭梢向東。身體向東，眼向東看去。（圖 3-27）

動作 26

身體立起，右腳踏實，成右獨立步；左腳提起向東蹬出，腳心向東。同時，右手握鞭柄以鞭身向頭右上方畫弧，鞭梢向東；左手握鞭柄以鞭身畫弧至身體左側，鞭梢向東。身體向東，眼向東看去。（圖 3-28）

用法：對方以兵器從我身後擊來，我以左鞭打下壓對方的兵器，以右鞭向對方砸去。對方又以兵器向我上部擊來，我以雙鞭磕開對方的兵器，速以左腳向對方的腹胸部蹬去。

圖 3-28

第八式　玉女紉針

動作 27

左腳向東北方落半步，身體左轉，右腳向東北邁一步，成右弓蹬步。同時，左手握鞭柄以鞭身向上、向東北在頭前上方畫弧，鞭梢向東南；右手握鞭柄以鞭梢向南、向下、向東北畫弧至肩平，鞭梢向東北。身體向北，眼向東北看去。（圖 3-29）

用法：對方以兵器向我左側擊來，我以左鞭上架對方兵器，以右鞭向其胸腹部捅去。

第九式　轉身一鞭

動作 28

身體左轉，重心移到左腳，成左弓蹬步。同時，左手

圖 3-29

圖 3-30

握鞭柄以鞭身向西南、向下砸至胸高，鞭梢向西南；右手握鞭柄以鞭身向下畫弧至胯高，鞭身稍斜向下，鞭梢向東北。身體向西，眼向西南看去。（圖 3-30）

圖 3-31

動作 29

身體左轉，右腳向西南邁一步，成右弓蹬步。同時，右手握鞭柄以鞭身向上、向西南下砸至胯高，鞭身稍斜向上，鞭梢向西南；左手握鞭柄將鞭收至胯前。身體向南，眼向東南看去。（圖 3-31）

用法：對方以兵器從我身後擊來，我轉身以左鞭砸開對方兵器，以右鞭向其上部砸去。

第十式　翻身雙鞭

動作 30

身體左轉，重心移到左腿，兩腳虛實轉換。同時，雙手握鞭柄向下畫弧至腿前。身體向東南，眼關注鞭的轉動。（圖 3-32）

動作 31

右腳稍離地，左腳用力撐地，跳起凌空左後轉身，然後雙腳同時落地，成右弓蹬步。同時，雙手握鞭柄以鞭梢

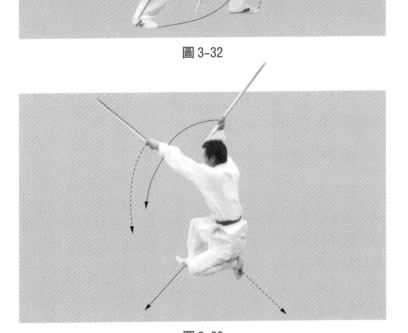

圖 3-32

圖 3-33

向東、向上、向西畫弧至腰高，鞭身稍斜向上，鞭梢向
西。身體向西，眼向西看去。（圖3-33、34）

圖 3-34

用法：對方以兵器向我右側擊來，我騰空翻身避過對方兵器，以雙鞭砸向對方上部。

第十一式　四門鞭

動作 32

兩腳動作不變。左手握鞭柄以鞭身向下畫弧至右膝前，鞭梢斜向西下；右手握鞭柄以鞭梢向南、向下畫弧，與左鞭在右膝前相交，鞭梢向下。身體向南，眼關注鞭的轉動。（圖 3-35）

動作 33

左腳向右腳後撤一步，兩腿屈膝下蹲，成歇步，右腳尖向南偏東，左腳尖向南。同時，右手握鞭柄以鞭梢向東、向上、向西砸至胯高，鞭梢向西；左手握鞭柄以鞭梢向西、向上、向東砸至胯高，鞭梢向東。身體向南，眼看

圖 3-35

圖 3-36

右鞭。（圖 3-36）

動作 34

身體立起，右腳尖內扣向東，左腳尖向東偏北。同

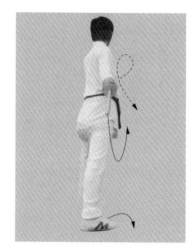

圖 3-37   圖 3-38

時，右手握鞭柄以鞭梢向上、向東、向下畫弧至右膝前，鞭梢向下；左手握鞭柄以鞭身畫弧向下，與右鞭交叉於右膝前，鞭梢斜向南下。身體向東，眼關注鞭的轉動。（圖 3-37）

動作 35

身體稍左轉，左腳向北邁一步，成左弓蹬步。同時，左手握鞭柄以鞭梢向南、向上、向北砸至胯高，鞭梢向北；右手握鞭柄以鞭梢向北、向上、向南砸至胯高，鞭身稍斜向南。身體向東，眼看左鞭。（圖 3-38）

用法：此式是「鞭打四門」，即我以鞭向東西南北四個方向迎擊敵人。

圖 3-39　　　　　　　　　　圖 3-40

第十二式　倒騎龍

動作 36

身體右轉，重心移到右腿，成右弓蹬步。同時，左手握鞭柄以鞭梢向上、向南、向北、向下立圓畫弧，鞭梢向北下；右手握鞭柄以鞭梢向北、向下畫弧，鞭梢向北下，雙鞭平行，在左腿前，左鞭在外。身體向南傾斜，眼看鞭。（圖 3-39）

動作 37

身體左後轉，左腳提起向南邁一步，成左弓蹬步。同時，雙手握鞭柄以鞭梢向上、向北、向南畫弧至胯高，鞭梢向南。身體向南，眼向南看去。（圖 3-40）

用法：對方在我身後以兵器向我擊來，我轉身以雙鞭向對方上部砸去。

圖 3-41

收　勢

動作 38

　　重心後移到右腿，左腳收回至右腳旁，成立正姿勢。同時，雙鞭收至兩臂前。身體向南，眼向南平視。（圖 3-41）

歡迎至本公司購買書籍

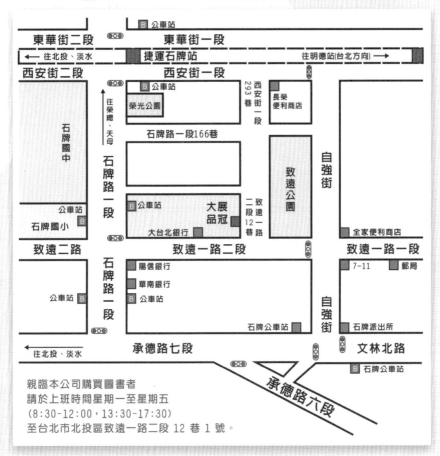

東華街二段　　B公車站　　東華街一段

← 往北投、淡水　　捷運石牌站　　往明德站(台北方向) →

西安街二段　　　西安街一段

石牌國中

往榮總、天母

石牌路一段

B公車站
榮光公園

石牌路一段166巷

西安街一段293巷

長榮便利商店

自強街

致遠公園

公車站
石牌國小

B公車站
大台北銀行

大展品冠

致遠一路二段12巷

全家便利商店

致遠二路　　　致遠一路二段　　　致遠一路一段

石牌路一段

陽信銀行

華南銀行

公車站　　B公車站

7-11　　郵局

公車站

自強街

石牌公車站

石牌派出所

← 往北投、淡水　　承德路七段　　文林北路

承德路六段

B石牌公車站

親臨本公司購買圖書者
請於上班時間星期一至星期五
(8:30~12:00,13:30~17:30)
至台北市北投區致遠一路二段 12 巷 1 號。

建議路線
1. 搭乘捷運・公車
　　淡水線石牌站下車,由出口出來後,左轉(石牌捷運站僅一個出口),沿著捷運高架往台北方向走(往明德站方向),其街名為西安街,至西安街一段293巷進來(巷口有一公車站牌,站名為自強街口),本公司位於致遠公園對面。搭公車者請於石牌站(石牌派出所)下車,走進自強街,遇致遠路口左轉,右手邊第一條巷子即為本社位置。

2. 自行開車或騎車
　　由承德路接石牌路,看到陽信銀行右轉,此條即為致遠一路二段,在遇到自強街(紅綠燈)前的巷子(致遠公園)左轉,即可看到本公司招牌。

國家圖書館出版品預行編目資料

趙堡太極秘傳兵器解讀／王海洲　編著
　　——初版，——臺北市，大展，2010〔民99.04〕
　　面；21公分 ——（武術特輯；121）
　　ISBN　978－957－468－740－4（平裝）

1. 器械武術

528.974　　　　　　　　　　　　　　　　99002417

趙堡太極秘傳兵器解讀

編　　著／王 海 洲

責任編輯／李 彩 玲

發 行 人／蔡 森 明

出 版 者／大展出版社有限公司

社　　址／台北市北投區（石牌）致遠一路2段12巷1號

電　　話／（02）28236031・28236033・28233123

傳　　眞／（02）28272069

郵政劃撥／01669551

網　　址／www.dah-jaan.com.tw

E - mail／service@dah-jaan.com.tw

登 記 證／局版臺業字第2171號

承 印 者／傳興印刷有限公司

裝　　訂／建鑫裝訂有限公司

排 版 者／弘益電腦排版有限公司

授 權 者／北京人民體育出版社

初版1刷／2010年（民99年）4月

定　價／220元

大展好書　好書大展
品嘗好書　冠群可期

大展好書　好書大展

品嘗好書　冠群可期